RELIGIÓN CATÓLICA 6

Valero Crespo
Ana Gavilán
Visitación Ayuso

ANAYA

ÍNDICE

Contenidos religiosos	Relatos bíblicos	Valores humanos y cristianos
• El deseo de salvación y Dios	• Samuel encuentra a Dios (1 y 2 Sm) • La Biblia y el arte: *Ana y Elcaná presentan a Samuel al Sumo Sacerdote*, de Van den Eeckhout (1621-1674)	• Tomar conciencia
• Las aportaciones de las religiones a la humanidad	• La historia de Rut (Rut) • La Biblia y el arte: *Los símbolos de las religiones*	• La tolerancia
• Las enseñanzas de Dios en los libros sapienciales	• Job y el sentido de la vida (Job 1-42) • La Biblia y el arte: *Job y sus amigos*, de Albert Anker (1831-1910). *Job y su mujer*, de George La Tour (1593-1652)	• La comprensión

Mi inteligencia espiritual: **Desarrollo mi espiritualidad con el silencio**
Mi inteligencia emocional: **Valoro y vivo los mejores sentimientos**

Contenidos religiosos	Relatos bíblicos	Valores humanos y cristianos
• Jesucristo y Dios	• Los amigos de Jesús (Lc 10, 38-42; Jn 12, 1-11) • La Biblia y el arte: *Coronación de la Virgen*, de Pomponio Amalteo (siglo XVII)	• Contemplar
• Jesús y la moral cristiana	• Las tentaciones de Jesús (Lc 4, 1-13) • La Biblia y el arte: *Las tentaciones de Cristo* (detalle), Botticelli (1445-1510)	• La dignidad humana
• Jesús y la misión de la Iglesia	• La vida de San Pablo (Hch) • La Biblia y el arte: El colegio apostólico, monasterio de Montserrat	• La santidad

Mi inteligencia espiritual: **Desarrollo mi espiritualidad con la meditación**
Mi inteligencia emocional: **Valoro y vivo el sentimiento de amistad**

Contenidos religiosos	Relatos bíblicos	Valores humanos y cristianos
• El sacramento del Matrimonio	• El milagro de la boda de Caná (Jn 2, 1-11) • La Biblia y el arte: *Las bodas de Caná*, de Murillo (1617-1682)	• Apadrinar
• La Confirmación y el Orden Sacerdotal	• Pentecostés (Hch 2, 1-17) • La Biblia y el arte: *Pentecostés*, de Juan Bautista Maíno (1581-1649)	• Evangelizar
• La resurrección y la Pascua cristiana	• Los discípulos de Emaús (Lc 24, 13-15) • La Biblia y el arte: *El cielo*, litografía (1900)	• La salud

Mi inteligencia espiritual: **Desarrollo mi espiritualidad con el arte**
Mi inteligencia emocional: **Valoro y vivo el sentimiento de empatía**
Aprendo a consultar la Biblia • Los mapas de la Biblia

ASÍ ES TU LIBRO

1 Lectura

Comenzarás la unidad con una historia sobre una experiencia humana y cristiana que te ayudará a descubrir tus sentimientos, desarrollar tu imaginación, ponerte en el lugar de sus protagonistas y despertar tu interés.

Comento y reflexiono: Estas preguntas te servirán para comprender la historia y aplicar sus enseñanzas a tu vida diaria.

2 Contenidos religiosos

Esta doble página te ofrece los contenidos de la unidad estructurados en un título general y subepígrafes. El título resume el contenido central y vertebrador.

Las actividades refuerzan y completan el aprendizaje y contribuyen al desarrollo de las competencias básicas.

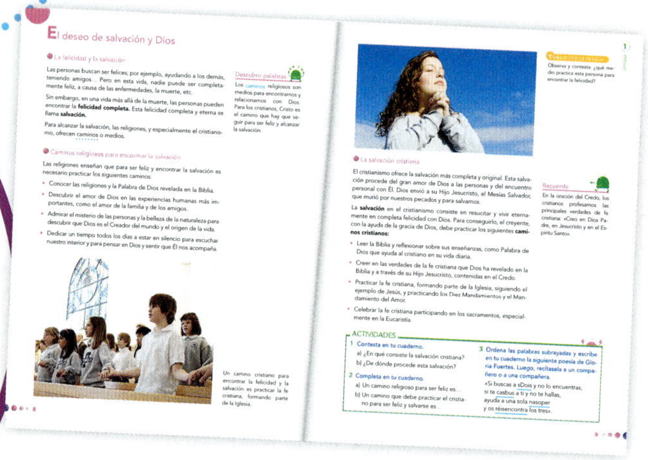

3 La Biblia

Para conocer la Biblia, esta doble página te presenta un relato desarrollado en cinco viñetas con textos adaptados.

El relato se completa con su enseñanza y se refuerza con actividades. El apartado «Busco en el mapa» te remite a los mapas de las últimas páginas del libro, donde podrás localizar los lugares bíblicos.

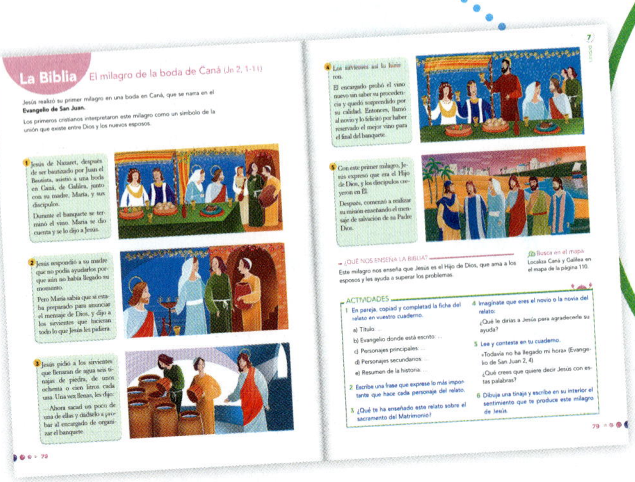

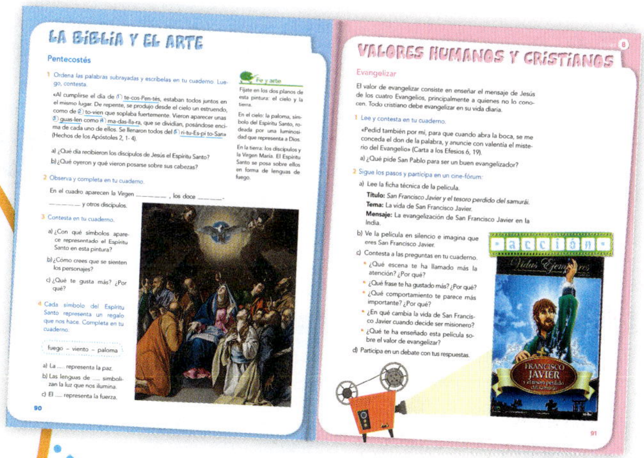

4 La Biblia y el arte. Valores humanos y cristianos

La Biblia y el arte: Te muestra una obra de arte basada en el relato bíblico. Las actividades te ayudarán a ampliar tu cultura artística sobre la Biblia, a identificar a sus personajes y a interpretar sus símbolos.

Valores humanos y cristianos: Te presenta un valor y actividades para su comprensión y aplicación en tu vida. Así desarrollarás tu educación en valores, tus habilidades sociales y tus compromisos para mejorar la sociedad.

5 Repaso de la unidad

Actividades para resumir y recordar lo más importante de los contenidos y ampliar otros nuevos.

Cuento mi experiencia, para expresar tus opiniones, sentimientos y valores de la unidad.

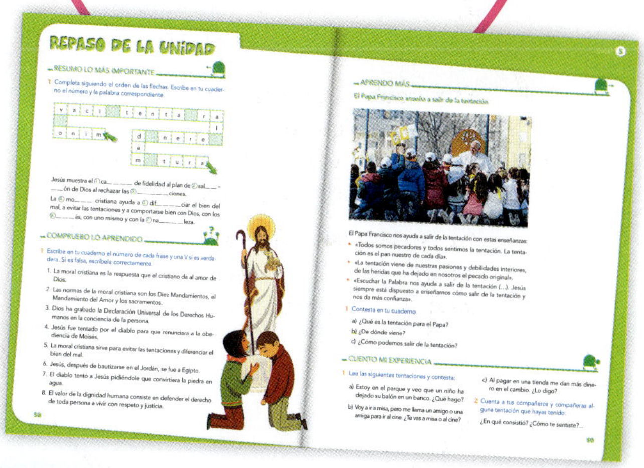

6 Anexos

Aprendo cooperando: Te invita a cooperar en grupo. Así mejorarás tu capacidad de trabajar en equipo, serás más sociable y sabrás convivir mejor.

Investigo en Internet: Te propone actividades para conocer el mensaje de Jesús mediante las tecnologías de la información y la comunicación.

Mi inteligencia espiritual: En esta página fortalecerás tu vida interior, tu espíritu, tu fe… Así vivirás más feliz con Dios, con los demás y contigo mismo.

Mi inteligencia emocional: En esta página encontrarás los mejores sentimientos, con actividades que te ayudarán a valorarlos, expresarlos y hacerlos crecer en ti.

Al final de tu libro, el apartado **Aprendo a consultar la Biblia** te ayudará a conocer mejor su manejo, y en **Los mapas de la Biblia** podrás localizar los lugares bíblicos.

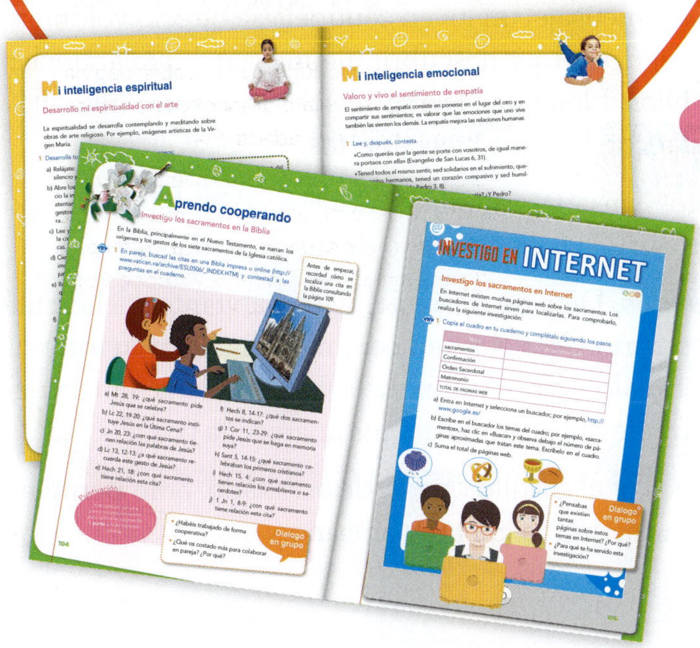

La web del alumnado y de la familia en anayaeducacion.es

¿Qué es? Un espacio lleno de recursos digitales para mejorar tu aprendizaje.

¿Cómo accedo? Regístrate en nuestra web e introduce el número de licencia que encontrarás al abrir este libro.

¿Cuándo accedo? Cuando encuentres el icono **www.anayaeducacion.es** en las páginas de este libro; el icono indica que en la web dispones de recursos relacionados con el contenido que estás estudiando. Y, por supuesto, visita la web siempre que quieras descubrir y aprender más.

1 Me encuentro con Dios

El centinela que esperaba a Dios

En un lejano país había un castillo en medio del desierto. Allí paraban a descansar muchos viajeros. Una mañana, llegó un mensajero del rey y dijo:

—Dios visitará nuestro país y quizá pase por este castillo. Estad atentos y preparados para recibirlo.

Al escuchar este mensaje, un joven centinela se ofreció voluntario para observar el desierto y descubrir alguna señal que anunciara la llegada de Dios. Lleno de alegría, se subió a la torre más alta y se puso a vigilar con los ojos bien abiertos.

Mientras tanto, pensaba: «¿Cómo será Dios? ¿Vendrá con un poderoso ejército? ¿Aparecerá rodeado de rayos y truenos?».

Pasaron los meses, Dios no apareció, y los habitantes del castillo dejaron de esperarlo. Solo el joven centinela siguió en su torre día y noche, hiciera calor o frío. Y aunque a veces dudaba, nunca perdió la esperanza de que algún día Dios aparecería por allí.

Pasaron los años, y el castillo quedó deshabitado. Solo permanecía allí el centinela, que ya era muy anciano.

«Toda mi vida he estado esperando la visita de Dios, y no ha llegado todavía», pensó el anciano centinela. Entonces, escuchó una voz en su interior, que le dijo:

—Estoy aquí. Estoy a tu lado.

—¡Oh, ya estás aquí! ¿Por dónde has venido, que no te he visto? —dijo el centinela, muy feliz y sorprendido.

—Siempre he estado contigo, aunque has tardado mucho tiempo en darte cuenta. Pero no importa, porque quien me espera y me busca de verdad siempre me encontrará en su corazón.

Y así, el centinela descubrió que, para encontrar a Dios, solo tenía que escuchar su conciencia.

(Adaptado de Francesc Bofill, en: http://antigawebdepastoral.salesians.cat).

Descubro palabras

La conciencia es la voz con la que Dios nos habla en el interior de nuestro corazón.

Comento y reflexiono

1 ¿Para qué se ofreció voluntario el centinela?
2 ¿Qué te enseña este relato para ayudarte a encontrar a Dios?
3 Describe los dibujos.
4 ¿Cómo te puedes encontrar con Dios?
5 ¿Sabes qué podemos hacer los cristianos para encontrarnos con Dios y ser felices?

El deseo de salvación y Dios

La felicidad y la salvación

Las personas buscan ser felices; por ejemplo, ayudando a los demás, teniendo amigos... Pero en esta vida, nadie puede ser completamente feliz, a causa de las enfermedades, la muerte, etc.

Sin embargo, en una vida más allá de la muerte, las personas pueden encontrar la **felicidad completa.** Esta felicidad completa y eterna se llama **salvación.**

Para alcanzar la salvación, las religiones, y especialmente el cristianismo, ofrecen caminos o medios.

Descubro palabras

Los caminos religiosos son medios para encontrarnos y relacionarnos con Dios. Para los cristianos, Cristo es el camino que hay que seguir para ser feliz y alcanzar la salvación.

Caminos religiosos para encontrar la salvación

Las religiones enseñan que para ser feliz y encontrar la salvación es necesario practicar los siguientes caminos:

- Conocer las religiones y la Palabra de Dios revelada en la Biblia.
- Descubrir el amor de Dios en las experiencias humanas más importantes, como el amor de la familia y de los amigos.
- Admirar el misterio de las personas y la belleza de la naturaleza para descubrir que Dios es el Creador del mundo y el origen de la vida.
- Dedicar un tiempo todos los días a estar en silencio para escuchar nuestro interior y para pensar en Dios y sentir que Él nos acompaña.

Un camino cristiano para encontrar la felicidad y la salvación es practicar la fe cristiana, formando parte de la Iglesia.

TRABAJO CON LA IMAGEN

Observa y contesta: ¿qué medio practica esta persona para encontrar la felicidad?

La salvación cristiana

El cristianismo ofrece la salvación más completa y original. Esta salvación procede del gran amor de Dios a las personas y del encuentro personal con Él. Dios envió a su Hijo Jesucristo, el Mesías Salvador, que murió por nuestros pecados y para salvarnos.

La **salvación** en el cristianismo consiste en resucitar y vivir eternamente en completa felicidad con Dios. Para conseguirlo, el creyente, con la ayuda de la gracia de Dios, debe practicar los siguientes **caminos cristianos:**

- Leer la Biblia y reflexionar sobre sus enseñanzas, como Palabra de Dios que ayuda al cristiano en su vida diaria.
- Creer en las verdades de la fe cristiana que Dios ha revelado en la Biblia y a través de su Hijo Jesucristo, contenidas en el Credo.
- Practicar la fe cristiana, formando parte de la Iglesia, siguiendo el ejemplo de Jesús, y practicando los Diez Mandamientos y el Mandamiento del Amor.
- Celebrar la fe cristiana participando en los sacramentos, especialmente en la Eucaristía.

Recuerda

En la oración del Credo, los cristianos profesamos las principales verdades de fe cristiana: «Creo en Dios Padre, en Jesucristo y en el Espíritu Santo».

ACTIVIDADES

1 Contesta en tu cuaderno.

a) ¿En qué consiste la salvación cristiana?

b) ¿De dónde procede esta salvación?

2 Completa en tu cuaderno.

a) Un camino religioso para ser feliz es…

b) Un camino que debe practicar el cristiano para ser feliz y salvarse es…

3 Ordena las palabras subrayadas y escribe en tu cuaderno la siguiente poesía de Gloria Fuertes. Luego, recítasela a un compañero o a una compañera.

«Si buscas a sDois y no lo encuentras,
si te casbus a ti y no te hallas,
ayuda a una sola nasoper
y os réisencontra los tres».

La Biblia

Samuel encuentra a Dios (1 y 2 Sm)

Vas a leer un relato sobre la vida del profeta Samuel, que se narra en **los dos libros de Samuel** del Antiguo Testamento.

Cuando Samuel era un niño, Dios lo llamó en sueños. Samuel escuchó la llamada de Dios y fue a su encuentro.

1 Elcaná y Ana eran un matrimonio judío. Ana estaba triste porque no podía tener hijos. Rezaba a Dios rogándole ser madre.

Un día, Ana se lo contó al sacerdote Eli, y este también se lo pidió a Dios. Ana tuvo un hermoso niño.

2 Para agradecérselo a Dios, Elcaná y Ana pusieron a su hijo el nombre de Samuel, que significa «mi nombre es Dios».

Cuando Samuel era niño, sus padres encargaron al sacerdote Elí que le enseñara los caminos para encontrarse con Dios.

3 Una noche, Dios llamó a Samuel dos veces por su nombre. Él creyó que era Elí, pero el sacerdote no había sido.

Cuando Dios llamó a Samuel por tercera vez, Elí comprendió que se trataba de Dios, y le pidió que, si le llamaba de nuevo, respondiera.

4 Samuel se fue a dormir. Poco después, Dios volvió a llamarlo, y él le respondió.

Esa noche, por primera vez en su vida, Samuel sintió que se había encontrado con Dios y fue feliz.

5 Con el tiempo, Samuel se convirtió en profeta. Recibía mensajes de Dios, hablaba en su nombre y enseñaba a las personas a relacionarse con Él.

También fue juez de Israel y nombró reyes a Saúl y a David.

¿QUÉ NOS ENSEÑA LA BIBLIA?

Este relato enseña que Dios ama y llama a cada persona por su nombre. La persona que se encuentra con Dios lo escucha en su corazón, responde a su llamada, se siente feliz y cumple su voluntad.

ACTIVIDADES

1 Ordena y forma las frases en tu cuaderno:

a) por su nombre. / a Samuel / Dios llamó
b) un profeta / Samuel fue / de Dios.
c) a Samuel. / de enseñar / Elí se encargaba
d) a luz / un hermoso niño. / Ana dio
e) encontró con Él. / Samuel respondió / a Dios y se

2 Escribe en tu cuaderno con qué viñeta o viñetas se relaciona cada frase; por ejemplo: frase a – viñetas 3 y 4.

3 ¿Qué te enseña la vida de Samuel?

4 Lee y sigue los pasos.

No siempre somos capaces de entender lo que nos ocurre. Esto también nos pasa con las experiencias religiosas personales.

a) Piensa en alguna experiencia religiosa o algún pensamiento que te haya costado entender.
b) Exponlo a tus compañeros.

5 Piensa en una situación que te hace infeliz. Escribe una frase o una oración para pedir a Dios que te ayude a solucionarla y puedas encontrar la felicidad.

LA BIBLIA Y EL ARTE

Ana ofrece a su hijo Samuel al Señor

1 Completa escribiendo en tu cuaderno los números y las palabras correspondientes. Después, contesta a las preguntas.

Señor – sacerdote – niño – casa – vida

«Ana y Elcaná presentaron el niño al sacerdote Elí. Ella le dijo: "Imploré este ①_____ y el Señor me concedió cuanto le había pedido. Yo, a mi vez, lo cedo al ②______. Quede, pues cedido al Señor de por ③_____". (...) Elcaná y Ana volvieron a su ④_____ de Ramá. Y el niño quedó al servicio del Señor al lado del ⑤___________ Elí » (1 Samuel 1, 27-28 y 2, 11).

a) ¿Cómo se llamaba el niño que presentaron Ana y Elcaná al sacerdote?

b) ¿Con quién se quedó a vivir en el templo?

Fe y arte

El nacimiento de Samuel fue excepcional. Ana correspondió a la generosidad que Dios tuvo con ella, consagrándole su hijo.

El ternero, la harina y el odre de vino que aparecen en el cuadro son ofrendas con las que Ana y Elcaná dan gracias a Dios por el nacimiento de su hijo.

2 Observa y escribe en tu cuaderno el número y el nombre del personaje.

Samuel

Elí

Ana

Elcaná

3 Describe el cuadro a tu compañero o compañera y cuéntale qué ocurrió después.

VALORES HUMANOS Y CRISTIANOS

Tomar conciencia

El valor de tomar conciencia consiste en dedicar tiempo a escuchar nuestra voz interior. Tomar conciencia es darse cuenta de cómo somos, qué debemos hacer, qué nos ocurre, qué es bueno o qué es malo, etc.

1 En pareja, leed y contestad en el cuaderno.

«Debemos aprender a escuchar más nuestra conciencia. Pero ¡atención! Esto no significa seguir el propio yo, hacer aquello que me interesa, que me conviene, que me gusta... ¡No es esto!

La conciencia es el espacio interior de la escucha de la verdad, del bien, de la escucha de Dios; es el lugar interior de mi relación con Él, que habla a mi corazón y me ayuda a discernir, a comprender el camino que debo recorrer, y una vez tomada la decisión, a ir adelante, a permanecer fiel» (Papa Francisco).

a) ¿Qué significa escuchar de verdad nuestra conciencia?

b) ¿A qué te ayuda tu conciencia?

2 Realiza las siguientes actividades para escuchar tu interior:

a) Siéntate con tranquilidad, respira profundamente y toma conciencia de un problema o de una necesidad que tengas.

b) Observa atentamente las imágenes.

c) Piensa en qué palabras te sugiere cada una de ellas: alegría, felicidad, paz, amor…

d) Siente cómo Dios te habla en tu corazón.

3 Expresa lo que has sentido a tus compañeros y compañeras. Cuenta qué puedes hacer para tomar conciencia de que Dios te habla.

REPASO DE LA UNIDAD

RESUMO LO MÁS IMPORTANTE

1 Ordena y escribe la frase en tu cuaderno. Luego, explícasela con tus palabras y con algún ejemplo a tu compañero o compañera.

/ caminos para que / y encuentren la salvación. /
/ Las religiones ofrecen / las personas sean felices /

COMPRUEBO LO APRENDIDO

1 Completa escribiendo en tu cuaderno el número y la palabra correspondiente.

Biblia	naturaleza	fe	Dios	amor
verdades	conciencia	llamada	religiones	silencio

CÓMO ENCONTRAR LA SALVACIÓN

- caminos religiosos
  - conocer las ① .....
  - descubrir el ② ..... de Dios en las experiencias personales
  - admirar la belleza de la ③ .....
  - y
  - estar en ④ ..... para pensar en Dios
- caminos cristianos
  - leer la ⑤ .....
  - creer en las ⑥ ..... de la fe cristiana
  - practicar y celebrar la ⑦ ..... cristiana
  - y
  - practicar el valor de tomar ⑧ .....
- la Biblia
  - que en los libros de Samuel enseña
  - que la persona que se encuentra con ⑨ .....
  - es
  - feliz, responde a su ⑩ ..... y cumple su voluntad

APRENDO MÁS

El cristiano busca la felicidad

El cristiano es feliz y da sentido a su vida, siendo un buen amigo y teniendo a Jesús como su mejor amigo.

1 Lee y contesta en tu cuaderno.

«Jesús es vuestro verdadero amigo y Señor, mantened una relación de verdadera amistad con Él. Os espera y solo en Él encontraréis la felicidad. (...) Buscar cada día al Señor, cuyo deseo es que seáis realmente felices» (Papa Benedicto XVI).

a) ¿Quién es el verdadero amigo de los cristianos?

b) ¿Qué encuentran en él? ¿Por qué?

CUENTO MI EXPERIENCIA

1 Sigue estos pasos y participa en un disco-fórum:

a) Escribe en el navegador de tu ordenador: «Buzz y Woody – Yo soy tu amigo fiel» y escucha atentamente la canción.

b) Contesta y dialoga con tus compañeros y compañeras:

- ¿De qué trata la canción? ¿Qué te ha enseñado?
- ¿Qué frase te gusta más? ¿Por qué?
- ¿Tienes amigos buenos y fieles?
- ¿Qué sientes al saber que tienes verdaderos amigos en los que puedes confiar y contarles tus problemas?

2 Escribe una frase que exprese cómo ser feliz. Luego, decórala.

2 Descubro las religiones del mundo

Buda y sus enseñanzas

Siddartha Gautama es el fundador del budismo. Nació en el norte de la India, en el siglo VI a. C. Su padre era rey, y para que su hijo no conociera el sufrimiento, le construyó un gigantesco palacio.

Hasta los 29 años, Siddartha vivió encerrado en su lujoso palacio. Pero un día, su sentido religioso le despertó su curiosidad por conocer cómo era el mundo exterior y salió. Fuera descubrió la vejez, la enfermedad y la muerte.

Este descubrimiento le impresionó profundamente. Se preguntaba: ¿Cómo evitar el sufrimiento? ¿Cómo ser completamente feliz?

Durante cuarenta años, Siddartha buscó respuesta a sus preguntas viajando, meditando y aprendiendo de sabios maestros. Finalmente, su mente se «iluminó» y encontró la respuesta.

Para evitar el sufrimiento y ser feliz, hay que practicar ocho mandamientos: 1. Ser comprensivo. 2. Tener buenos pensamientos. 3. Decir buenas palabras. 4. Comportarse bien. 5. Vivir de forma justa. 6. Esforzarse justamente. 7. Atender bien. 8. Practicar la meditación.

Descubro palabras

El budismo es una de las grandes religiones de la actualidad. Su fundador fue Buda.

El sentido religioso consiste en comprender y sentir que toda la realidad no se limita a la persona ni al mundo que le rodea. Hay un algo más o un alguien más y un más allá, que dan sentido último a nuestra vida. A eso más se acude en momentos cruciales de la vida: la muerte, el nacimiento, la necesidad de una buena cosecha…

A partir de entonces le llamaron Buda, que significa «iluminado», y comenzó a difundir sus enseñanzas. Practicó el valor de la verdadera tolerancia.

En una ocasión, sus monjes le preguntaron qué religión expresaba mejor el misterio de Dios. Entonces, Buda les contó esta parábola:

«Una vez, un rey hindú reunió a varios ciegos. Después, ordenó que los pusieran delante de un elefante, y que cada uno lo tocase y dijera qué era.

Un ciego tocó la cabeza y dijo: "Es un gran cacharro". Otro tocó la oreja y aseguró: "Es una cesta". El que tocó el colmillo afirmó: "Es un barrote". Y quien tocó el cuerpo expresó: "Es una gran choza"».

Al terminar, Buda explicó el significado de la parábola:

—Cada ciego representa las creencias de una religión. Y cada religión es un camino para llegar a Dios.

Comento y reflexiono

1 ¿Quién es Buda? ¿Qué se preguntó al descubrir el sufrimiento?
2 ¿Qué es el sentido religioso? ¿Qué decisión le hizo tomar a Buda?
3 ¿Quiénes aparecen en los dibujos? ¿Qué hacen?
4 ¿Qué te enseñan Buda y su parábola?
5 ¿Qué religiones conoces?

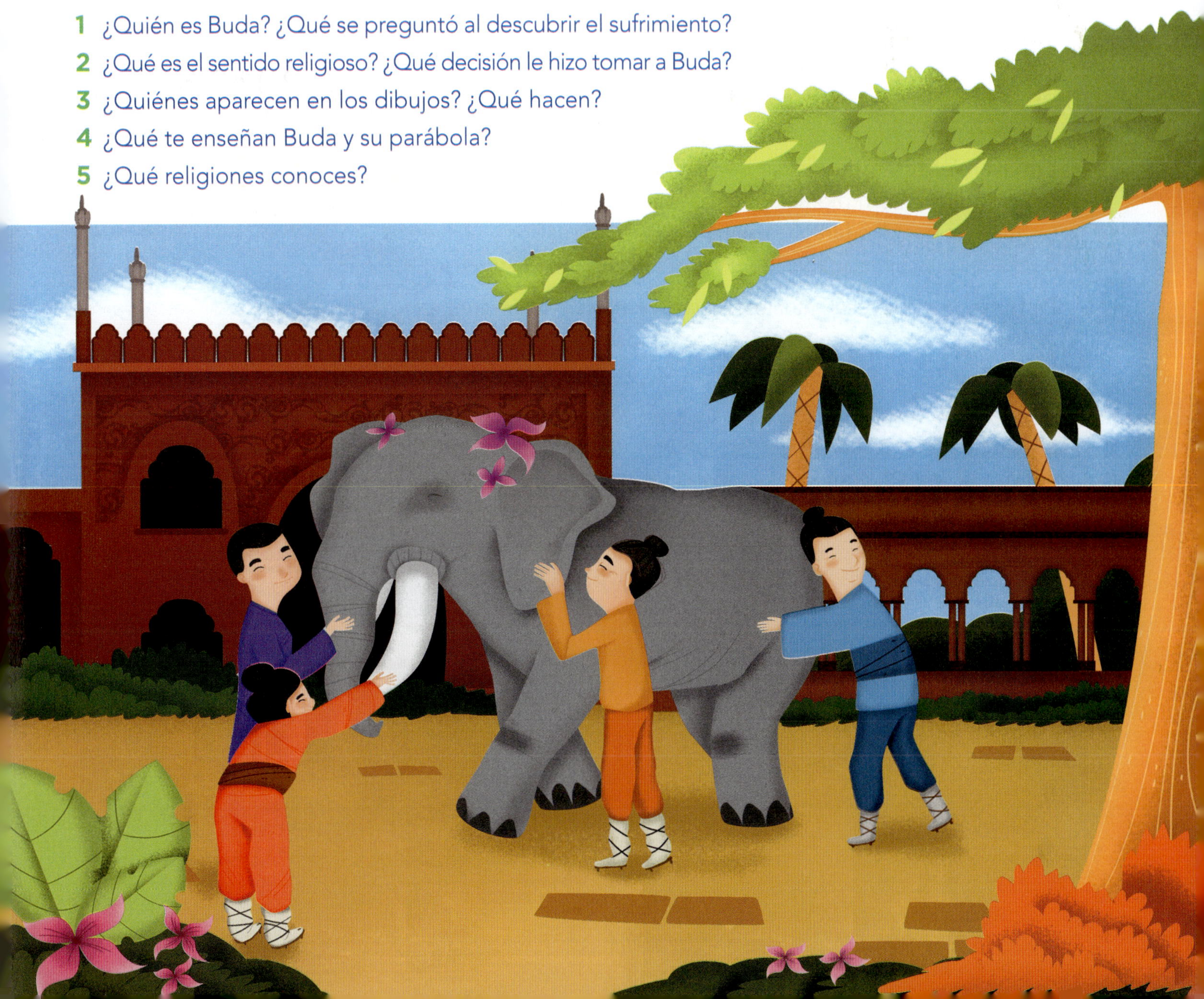

Las aportaciones de las religiones a la humanidad

El sentido religioso del ser humano no hay que confundirlo con las religiones. Estas son una manifestación de ese sentido religioso, pero no la única que podemos encontrar en la historia de la humanidad.

Las religiones y las personas

La **religión** es el conjunto de creencias y medios que ayudan a las personas a encontrarse con Dios, a relacionarse con Él y a vivir más unidas a Él. Las principales **aportaciones de la religión** son:

- Ayudar al creyente a encontrar su plenitud, a ser más feliz con Dios, con los demás y con uno mismo, y a dar sentido último a su vida.
- Mejorar la convivencia fomentando la paz, el amor y solidaridad, y desarrollar la cultura y la moral de las personas y de los pueblos.

Las religiones y la historia

Desde los orígenes de la humanidad han existido expresiones religiosas en las que las personas han manifestado sus creencias y se han relacionado con la divinidad; por ejemplo:

- **Enterramientos,** que indican la creencia en la vida después de la muerte. Por ejemplo, las pirámides del antiguo Egipto; en estas tumbas para los faraones se han hallado utensilios y alimentos para cubrir las necesidades de una vida más allá de la muerte.
- **Pinturas,** que expresan rituales. En la prehistoria, estas pinturas tenían un carácter mágico-religioso y se relacionaban con la lucha por la supervivencia, como las pinturas rupestres de escenas de caza.
- **Ritos,** en los que se rezaba, se realizaban ofrendas, se ofrecían sacrificios de animales e incluso se celebraban campeonatos en honor a la divinidad, como en la antigua Grecia.

Descubro palabras

La plenitud es el grado máximo de desarrollo de una persona a nivel físico, social, intelectual, emocional, espiritual, religioso...

A. Los egipcios construían pirámides para enterrar a los faraones.

B. Los griegos daban culto a sus dioses en los templos.

Las religiones en la actualidad

Las principales religiones de la actualidad son el hinduismo, el budismo, el judaísmo, el cristianismo y el islam.

- El **hinduismo** tiene su origen en un grupo de sabios. Uno de sus libros sagrados es los Cuatro Vedas. Los hinduistas creen en muchos dioses, en la reencarnación y en la vida después de la muerte.
- El **budismo** fue fundado por Buda. Sus libros sagrados son los Tres Cestos. Los budistas creen en la reencarnación y en las enseñanzas de Buda para llegar al nirvana.
- **El judaísmo.** Sus fundadores son Abrahán y Moisés. Su libro sagrado es la Biblia judía. Los judíos creen en Yahvé, el Dios Único, Creador y Salvador.
- **El cristianismo.** Su fundador es Jesucristo, el Hijo de Dios y la mayor revelación de Dios Padre. Su libro sagrado es la Biblia. Los cristianos creemos en un solo Dios, que es Padre, Hijo y Espíritu Santo, en la resurrección y en la vida eterna.
- **El islam.** Su fundador es Mahoma. Su libro sagrado es el Corán. Los musulmanes creen en Alá, el único Dios, en la vida eterna y en el paraíso.

Fiesta budista del Wesak, que celebra el nacimiento y la muerte de Buda.

El cristianismo, religión revelada por Dios

Las religiones son expresiones humanas del sentido religioso y un esfuerzo humano por relacionarse con lo divino. Mientras que la fe judeocristiana se entiende así misma como revelación de Dios y una iniciativa de Dios que baja y se muestra a la persona.

Las religiones son caminos abiertos por la humanidad; el cristianismo es un camino abierto y ofrecido por Dios. Por ello, no puede ponerse al mismo nivel cualquier religión con la fe cristiana.

ACTIVIDADES

1 Completa en tu cuaderno:

a) Dos beneficios que aporta la religión a las personas son…

b) Tres expresiones de las religiones de la Antigüedad son...

c) Las religiones son… Y el cristianismo es…

2 ¿Qué te aporta el cristianismo? ¿A qué puede ayudarte?

3 Elige una religión actual, busca información y completa en tu cuaderno su ficha:

fundador, libro sagrado, creencias, lugar de culto, fiestas más importantes.

4 En pareja, seguid los pasos siguientes:

a) Escribid en un buscador de Internet «5000 años de religiones en 90 segundos».

b) Observad el vídeo y expresad vuestra opinión a la clase.

La Biblia Las historia de Rut (Rut)

En el Antiguo Testamento hay cuatro libros escritos en forma de novela religiosa: Rut, Tobías, Judit y Ester. El siguiente relato pertenece al **libro de Rut.**

Dios comunica valores ejemplares a través de sus personajes y acontecimientos para que la persona encuentre su plenitud y sea feliz.

1 Hubo un tiempo en Israel en que muchos judíos pasaban hambre.

Por ello, Elimélec, un judío de Belén, emigró con su mujer, Noemí, y sus dos hijos a Moab, un país vecino. Allí siguieron practicando su gran fe en el Dios único de Israel.

2 Elimélec murió en aquel país. Después, sus dos hijos se casaron con dos mujeres de Moab: Orfá y Rut. Al cabo de diez años, ambos hijos también murieron. Noemí, al enterarse de que en Israel se había acabado el hambre, decidió regresar con Orfá y Rut.

3 De camino a Israel, Noemí pidió a sus nueras que se quedaran en Moab. Orfá se despidió y volvió. Pero Rut se quedó con Noemí y le dijo:

—Iré a donde tú vayas. Viviré donde tú vivas. Tu pueblo será mi pueblo, y tu Dios será mi Dios.

4 Cuando llegaron, era la época de la siega. Rut recogía las espigas de trigo que dejaban abandonadas los segadores. Un día, fue al campo de un rico familiar, llamado Booz. Este, al verla, preguntó quién era. Le contaron su historia, y se enamoró de ella.

5 Booz y Rut se casaron y tuvieron un hijo, Obed, que, según la tradición, fue el abuelo del rey David.

Para el pueblo judío, Rut, que había nacido en otro país y había creído en otros dioses, se convirtió en un gran ejemplo de fe en Dios.

¿QUÉ NOS ENSEÑA LA BIBLIA?

Este relato enseña la importancia de respetar y valorar las diferentes religiones. También enseña que la persona que se encuentra con Dios se comporta mejor, ayuda a los demás y convive en paz como lo hizo Rut.

Busca en el mapa

Localiza Moab en el mapa de la página 109.

ACTIVIDADES

1 Copia y completa la ficha del relato en tu cuaderno.

a) Título: …
b) Libro de la Biblia donde está escrito: …
c) Personajes del relato: …
d) Resumen de la historia: …
e) Enseñanza: …

2 En pareja, escribid en vuestro cuaderno una frase que resuma lo más importante de cada viñeta.

3 Busca en una Biblia impresa u online la cita Rut 1, 16, y recítasela a tu compañero o compañera.

4 En pareja, seleccionad cuatro libros de la Biblia escritos en forma de novela religiosa y anotadlos en el cuaderno.

Rut	Job
Isaías	Tobías
Judit	Jeremías
Ester	Josué

LA BIBLIA Y EL ARTE

Los símbolos de las religiones

1 Copia los símbolos en tu cuaderno y escribe debajo de cada uno su nombre y la religión a la que pertenece.

2 Escribe en tu cuaderno los símbolos correspondientes.

a) Simboliza la fe judía y es el emblema nacional del estado de Israel: _________ __ ______.

b) Representa los ocho comportamientos que hay que practicar para liberarse de las reencarnaciones y alcanzar el nirvana: ______ __ __ ___.

c) Sílaba eterna que se dice o se canta en los rituales y en las oraciones hinduistas: _______ __.

d) Simboliza la muerte y resurrección de Jesucristo: _____.

e) Representa la superación de la muerte por la vida eterna: ____ __________.

3 Elige una religión y realiza un *collage*.

a) Busca una fotografía relacionada con ella y pégala en tu cuaderno o en una cartulina.

b) Al lado dibuja su símbolo y escribe su significado.

c) Presenta tu trabajo a la clase.

d) Participa en una exposición con los *collages* de toda la clase.

Fe y arte

Los símbolos de las religiones expresan su fe y forman parte del arte, del culto y de la vida diaria de los creyentes.

VALORES HUMANOS Y CRISTIANOS

La tolerancia

La tolerancia es el buen comportamiento de respeto y diálogo con las personas de las diferentes culturas y religiones. La persona tolerante expresa sus creencias y respeta las de los demás.

1 Realiza el cuestionario en tu cuaderno siguiendo estos pasos:

a) Responde a las preguntas escribiendo su número y dibujando el círculo o el triángulo.

b) Cuenta tus respuestas y consulta la puntuación.

¿ERES TOLERANTE?

1. Relacionarme con personas de otras religiones puede…
   - ● hacerme más comprensivo y dialogante.
   - ▲ traerme problemas.
2. Opino que las creencias religiosas deben…
   - ● respetarse y practicarse libremente en la sociedad.
   - ▲ expresarse solamente en privado.
3. En clase, cuando un compañero opina diferente a mí…
   - ● le dejo hablar y trato de comprender su opinión.
   - ▲ le dejo hablar, pero no lo escucho.
4. Si mi equipo va perdiendo un partido…
   - ● le sigo animando hasta el final.
   - ▲ me enfado con los que no juegan bien.
5. Para que los demás me respeten, debo…
   - ● respetarlos, escucharlos y dialogar.
   - ▲ demostrar que soy más fuerte que ellos.
6. Para que haya buena convivencia entre las religiones…
   - ● todas deben conocerse y respetarse.
   - ▲ una debe imponer sus creencias a las otras.

Puntuación

- 6 círculos: ¡Enhorabuena, eres una persona tolerante!
- 3 o 4 círculos: Debes aprender a ser más tolerante.
- Menos de 3 círculos: Esfuérzate y serás tolerante.

2 ¿Qué comportamientos tienes que desarrollar para ser una persona tolerante?

REPASO DE LA UNIDAD

RESUMO LO MÁS IMPORTANTE

1 Descifra y escribe en tu cuaderno.

1a 2c 3d 4e 5f 6h 7i 8l
9m 10n 11o 12p 13r 14s 15u

Desde los orígenes de la historia hasta la actualidad, la plenitud y la 5-4-8-7-2-7-3-1-3 del ser 6-15-9-1-10-11 están en 13-4-8-1-2-7-11-10 con 3-7-11-14.

COMPRUEBO LO APRENDIDO

1 Copia y completa en tu cuaderno.

1	R
2	E
3	L
4	I
5	G
6	I
7	O
8	N
9	E
10	S

1. Tumba de los antiguos egipcios para los faraones.
2. Creencia cristiana sobre la vida después de la muerte.
3. Nombre con el que los musulmanes llaman a Dios.
4. Religión fundada por Buda.
5. Expresión humana del sentido religioso y esfuerzo humano por relacionarse con lo divino.
6. Fundador del judaísmo junto con Abrahán.
7. Libro sagrado del islam.
8. Valor de respeto y diálogo con los demás.
9. Fundador del cristianismo.
10. Pueblo al que pertenecía Noemí.

APRENDO MÁS

La originalidad del cristianismo

«La Iglesia aprecia todo lo bueno y verdadero que puede encontrarse en las diversas religiones». (Catecismo de la Iglesia Católica, n.° 843). Pero esto no significa creer que todas las religiones son iguales. La oración del Credo expresa lo original del cristianismo en comparación con las otras religiones.

1 Contesta en tu cuaderno.

a) ¿Qué aprecia la Iglesia en las diversas religiones?

b) ¿En qué oración se expresa lo más original del cristianismo?

CUENTO MI EXPERIENCIA

1 En pareja, elegid e investigad uno de los siguientes acontecimientos con los que las religiones contribuyen a mejorar los derechos humanos, la convivencia, el progreso y la paz. Después, haced un resumen y presentadlo a la clase.

- El encuentro entre los representantes de las diferentes religiones para rezar por la paz, en el Día de la Oración por la Paz.
- El derecho a la libertad religiosa recogido en la Declaración Universal de los Derechos Humanos.

Cena de la Pascua judía, que celebra la liberación del pueblo de Israel de la esclavitud de Egipto.

Celebración del Eid al-Fitr al final del Ramadán, mes de ayuno del islam.

3 Valores y enseñanzas de Dios en la Biblia

Pinocho, un niño de verdad

Pinocho era una marioneta de madera que un anciano carpintero había construido. Su corazón también era de madera. Por ello, no era comprensivo con los demás y mentía. Vivía con un hada, que lo quería como a un hijo.

Un día empezó a ocurrirle algo curioso: cada vez que mentía le crecía la nariz, y los demás se reían de él.

Cansado de ser un muñeco de madera y de que todos se rieran de él, Pinocho pidió al hada:

—¡Quiero convertirme en un niño de verdad y tener un corazón de verdad lleno de buenos sentimientos!

—No te preocupes, Pinocho. Yo te convertiré en un niño de verdad, pero con una condición: debes obedecer, decir la verdad y portarte bien —le dijo el hada.

—Te lo prometo —dijo Pinocho.

Sin embargo, al día siguiente en el colegio se peleó con unos niños que se habían reído de él porque era de madera.

Pinocho volvió a casa llorando. Se había comportado mal y el hada lo castigaría. Pero se llevó una gran sorpresa. El hada lo abrazó y le dijo:

—Te quiero tanto que, aunque te has portado mal, te perdono, y seguiré ayudándote a convertir tu corazón de madera en un corazón humano.

Con el tiempo, Pinocho cambió y se convirtió en un niño obediente, que decía la verdad.

Un día encontró la vieja marioneta que él había sido y dijo:

—¡Qué feliz soy por haberme convertido en un niño de verdad! ¡Estoy muy contento con mi nuevo corazón! ¡Un corazón bueno y comprensivo con todos!

(Adaptación de *Las aventuras de Pinocho,* de Carlo Collodi. Anaya).

Comento y reflexiono

1 ¿Qué antivalores tenía Pinocho al principio?

2 ¿Qué valores tuvo cuando se convirtió en un niño de verdad?

3 Describe los dibujos.

4 ¿Para qué sirve tener un corazón bueno y comprensivo?

5 ¿Qué conoces sobre los valores y las enseñanzas de la Biblia?

Las enseñanzas de Dios en los libros sapienciales

El pueblo de Israel y la sabiduría de Dios

Dios eligió a Abrahán para formar su pueblo: el pueblo de Israel, que es el depositario de la promesa de salvación hecha por Dios a los patriarcas.

Con el tiempo, el pueblo de Israel fue creciendo en sabiduría: normas de conducta, costumbres, refranes, reglas para vivir mejor… Esta sabiduría era transmitida de padres a hijos, y fue el origen de los libros sapienciales de la Biblia.

Los libros sapienciales, como todos los libros de la Biblia, están inspirados por Dios y forman parte de su revelación.

Los libros sapienciales de la Biblia

Los **libros sapienciales** son un grupo de libros del Antiguo Testamento. Enseñan valores y comportamientos que mejoran a las personas, y les ayudan a reflexionar sobre la vida (el amor, el trabajo, el sufrimiento, la muerte…) y a dar respuesta a los problemas desde la fe en Dios. Los libros libros sapienciales son cinco:

- **Job.** Trata del misterio del sufrimiento. Job es un ejemplo de fe, de confianza, de paciencia y fuerza de voluntad para quien sufre.
- **Proverbios.** Trata sobre la felicidad. Esta felicidad pasa por la honestidad y por el respeto a Dios.
- **Eclesiastés.** Enseña a tener una conducta moral correcta en las diversas circunstancias de la vida personal, familiar y social.
- **Sabiduría.** Enseña que la verdadera sabiduría procede de Dios y lleva a la humildad y a la prudencia.
- **Eclesiástico.** Enseña a las personas a ser piadosas, y a saber qué les espera al asumir a Dios y la fe.

TRABAJO CON LA IMAGEN

Observa y escribe en tu cuaderno dos comportamientos que realiza el cristiano cuando practica la sabiduría.

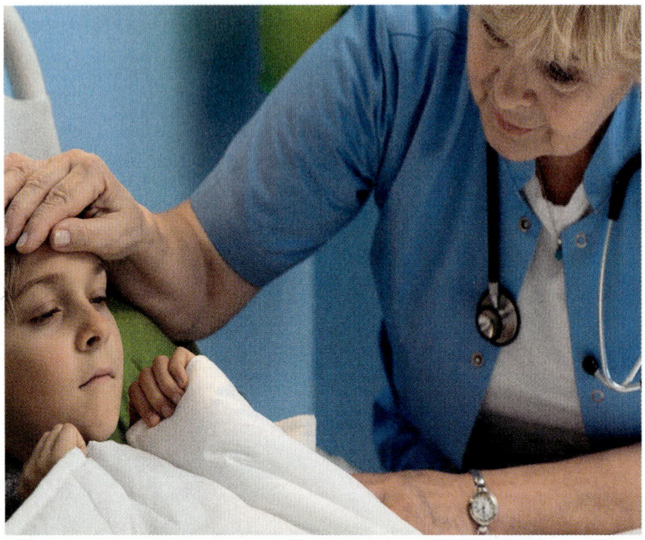

Los cristianos debemos practicar las enseñanzas que nos ofrecen los libros sapienciales para seguir el camino que propone Jesús.

Los cristianos y los libros sapienciales

Las enseñanzas que Dios nos ofrece en los libros sapienciales son el camino de sabiduría que los cristianos debemos practicar. Esta sabiduría procede de Dios y está escrita en la Biblia.

Los cristianos debemos practicar las enseñanzas y los buenos valores y comportamientos que nos ofrecen los libros sapienciales para mejorar la sociedad, hacer la voluntad de Dios y seguir el camino que propone Jesús: practicar el Mandamiento del Amor y las Bienaventuranzas.

Cuando el cristiano los practica en su vida personal y social, llena su corazón del amor de Dios y se comporta con sabiduría: dialoga con Dios, ama a su familia, confía en sus amigos, ayuda a los demás, respeta y cuida el medio ambiente…

ACTIVIDADES

1 Anota en tu cuaderno el nombre del pueblo que es depositario de la sabiduría de Dios.

2 Completa en tu cuaderno.

Los libros sapienciales son… Enseñan a las personas a… Y les ayudan a…

3 Elige un libro sapiencial y explica a tu compañero o compañera qué enseña o de qué trata.

4 En pareja, buscad en una Biblia impresa u online las citas siguientes y contestad en el cuaderno:

a) Eclesiastés 3, 1-2: ¿qué nos enseña sobre el tiempo?

b) Sabiduría 1, 6: ¿qué enseña sobre la sabiduría?

c) Eclesiástico 9, 10: ¿qué enseña sobre los amigos?

La Biblia

Job y el sentido de la vida (Job 1-42)

Vas a leer una historia del Antiguo Testamento que se narra en el **libro de Job.** Esta historia cuenta cómo Job descubrió el sentido último del sufrimiento, gracias a su fe en Dios, a su paciencia y al consejo de sus amigos.

Al leerla ten en cuenta que en la Antigüedad se creía que algunas enfermedades eran un castigo de Dios. Pero esta creencia es falsa.

1 Job era un hombre justo y paciente. Todos los días daba gracias a Dios por su familia y por la vida tan feliz que llevaba.

Job era padre de siete hijos y tres hijas. Tenía muchas tierras y ganados, y un gran número de criados.

2 Pero un día le robaron su ganado y matado a los criados que lo cuidaban.

Después, todos sus hijos murieron cuando un fuerte viento derrumbó la casa donde se encontraban.

3 Pasado el tiempo, Job enfermó gravemente.

Él no entendía por qué Dios permitía que le ocurrieran todas estas cosas. Pero Job siguió confiando en Él.

Su mujer no le comprendía, y se lo reprochaba.

4 Tres amigos de Job fueron a visitarlo y le acusaron de estar enfermo y de sufrir por haber pecado. Job insistió en su inocencia y pidió explicaciones a Dios. Dios le mostró que Él es infinitamente superior al hombre y que este no debe pedirle cuentas.

5 Fue entonces cuando Job reconoció haber conocido verdaderamente a Dios.

Dios bendijo de nuevo a Job con muchos bienes e hijos. También perdonó, por intercesión de Job, a los amigos que le habían acusado de pecado.

¿QUÉ NOS ENSEÑA LA BIBLIA?

El libro de Job enseña que Dios no castiga con enfermedades los pecados. Él es capaz de sacar bien del mal, y no deja que este tenga la última palabra. También enseña que la fe en Dios ayuda a ser feliz y a tener paciencia y esperanza para superar las dificultades.

ACTIVIDADES

1 Ordena las frases en tu cuaderno y relaciona cada una con una viñeta.

a) Sufrió una grave enfermedad.
b) Vivió feliz muchos años.
c) Empezaron a ocurrirle desgracias.
d) Job era un hombre justo y padre de una gran familia.
e) Sus amigos le acusaron de estar enfermo y de sufrir por haber pecado.

2 ¿En qué parte de la Biblia se narra las historia de Job? ¿A qué grupo de libros pertenece?

3 ¿Qué te enseña el relato para aplicar en tu vida?

4 Lee y contesta.

En ocasiones, parece que todo nos sale mal, como si nada de los que nos ocurre fuera positivo. En esos momentos hay que ser fuerte y tener fe.

a) Piensa en una situación de tu vida o de la vida de otra persona que te recuerde el relato de Job.
b) Exponla a tus compañeros y compañeras.

LA BIBLIA Y EL ARTE

La historia de Job

1 Cuenta a tu compañero o compañera todo lo que recuerdes de la vida de Job.

2 Completa escribiendo en tu cuaderno los números y las palabras correspondientes:

alegría – honrado – bienes – Dios – risas – males

a) Job dijo a su mujer:

«Si aceptamos de ① _____ los ② ________, ¿no vamos aceptar los ③ ______?» (Libro de Job 2, 10).

b) Los amigos de Job le dijeron:

«Dios no rechaza al ④ _________, ni sostiene de la mano al malvado. Volverá a llenar tu boca de ⑤ _______, tus labios lanzarán gritos de ⑥ _________» (Libro de Job 8, 20-21).

3 Observa los cuadros y completa sus títulos en tu cuaderno.

a) J_b y sus _m_g__ .

b) J__ y su m_j_r.

A

B

4 Imagina que eres Job. ¿Qué responderías a las palabras de consuelo de sus amigos?

5 Elige la pintura que más te gusta y explícasela a tu compañero o compañera.

Fe y arte

Observa los cuadros. Job simboliza la persona de fe que siempre confía en Dios.

La vela encendida del cuadro B representa la fe en Dios. La fe es como la luz de Dios, que nos ilumina y nos muestra el camino para superar los problemas y ser felices.

VALORES HUMANOS Y CRISTIANOS

La comprensión

El valor de la comprensión consiste en el buen sentimiento y comportamiento de entender al otro y ponerse en su lugar para ayudarlo en sus problemas. La comprensión es un valor cristiano del «hombre nuevo» en que se convierte el cristiano por la gracia de Dios.

Descubro palabras

La gracia de Dios es la fuerza del Espíritu Santo, que recibe el cristiano para convertirse en una persona nueva y ser más comprensiva. La conversión no puede alcanzarse con las solas fuerzas humanas.

1 Completa escribiendo en tu cuaderno el número y la palabra correspondiente.

buenos	comprensivos	verdad	justicia
santidad	ira	insultos	mentiras

«Despojaos del hombre viejo y de su anterior modo de vida (...) y revestíos de la nueva condición humana creada a imagen de Dios:

① __u s t______ y ② __a n t______ verdadera. Por lo tanto, dejaos de ③ ___t i______, hable cada uno con ④ __e r d___ a su prójimo. (...)

Desterrar de vosotros la amargura, la ⑤ ____, los enfados e ⑥ ______t o__ y toda maldad. Sed ⑦ ___e n___, ⑧ _________s i v___, perdonándonos unos a otros como Dios os perdonó en Cristo» (Carta a los Efesios 4, 22, 24-25 y 31-32).

2 Completa las frases en tu cuaderno.

a) San Pablo, en su Carta a los Efesios, nos dice que los defectos del hombre viejo son...

b) Y las cualidades o comportamientos del hombre nuevo son...

3 Responde en tu cuaderno.

Pasos para convertirme en una persona nueva

1.er paso: ¿Cuáles son mis dos principales defectos? ¿Y las dos principales cualidades?

2.º paso: ¿Qué debo hacer para eliminar mis defectos? ¿Y para mejorar mis cualidades?

3.er paso: ¿Qué comportamientos cristianos de la Carta a los Efesios me pueden ayudar a ser un hombre nuevo? ¿Por qué?

REPASO DE LA UNIDAD

RESUMO LO MÁS IMPORTANTE

1 Ordena las palabras subrayadas y escribe la frase en tu cuaderno.

El blopue de ellsra es el depositario de la duríasabi de osDi, que recogen los libros ciasalespien.

COMPRUEBO LO APRENDIDO

1 Escribe en tu cuaderno el número de la frase y la respuesta correcta.

1. Un grupo de libros de la Biblia que dan respuestas a los problemas de la vida se llaman...

   a) morales b) sentimentales c) sapienciales

2. Los libros sapienciales se encuentran en el Antiguo…

   a) Génesis b) Testamento c) Evangelio

3. Los libros sapienciales son...

   a) cinco b) tres c) siete

4. Los libros sapienciales son Proverbios, Job, Eclesiastés, Sabiduría y...

   a) Reyes b) Eclesiástico c) Éxodo

5. Una de las fuentes principales para el nacimiento de los libros sapienciales son los...

   a) romances b) poemas c) refranes

6. Los libros sapienciales ayudan a dar una respuesta a los problemas desde la fe en...

   a) Job b) Dios c) Israel

7. Un personaje del Antiguo Testamento que enseña a tener fe en Dios para superar las dificultades es...

   a) Pedro b) Jeremías c) Job

8. El cristiano que practica las enseñanzas de los libros sapienciales se llena de...

   a) datos b) historias c) sabiduría

9. El valor que consiste en ponerse en el lugar del otro para ayudarlo se llama...

   a) libertad b) igualdad c) comprensión

APRENDO MÁS

El libro de los Proverbios

El libro de los Proverbios es el libro sapiencial más antiguo. Reúne una colección de dichos sobre situaciones de la vida cotidiana. Sus enseñanzas ayudan a las personas a seguir el camino del bien y de la sabiduría, y a alejarse del mal.

1 Ordena las palabras y descifra en tu cuaderno. Después, elige el que consideres más importante y explica por qué.

a) «Escucha, hijo mío, los  de tu padre, no rechaces la instrucción de tu madre» (Proverbios 1 - 8).

b) «No niegues un  a quien lo necesita, si está en tu mano concedérselo» (Proverbios 3 - 27).

c) «Quien trama el mal provoca amargura, quien fomenta la  produce alegría» (Proverbios 12 - 20).

d) «Respuesta  calma la cólera, palabra áspera excita la ira» (Proverbios 15 - 1).

CUENTO MI EXPERIENCIA

1 En pareja, realizad un cartel sobre un refrán.

a) Seleccionad un refrán relacionado con Dios o con la religión. Por ejemplo:
- Haz bien y no mires a quien.
- Dios aprieta pero no ahoga.
- El hombre propone y Dios dispone.

b) Escribidlo en una cartulina y decoradlo.

c) Presentad el cartel a vuestros compañeros y compañeras. Explicad por qué lo habéis elegido y su enseñanza.

Mi inteligencia espiritual

Desarrollo mi espiritualidad con el silencio

La espiritualidad o vida interior de la persona se descubre con el silencio. Estar en silencio ayuda a relajarse, a reflexionar y a vivir más unido con Dios, con los demás y consigo mismo.

1 Lee dos situaciones en las que Jesús nos enseña la importancia del silencio para desarrollar nuestra espiritualidad. Después, contesta.

- «Se levantó de madrugada, cuando todavía estaba muy oscuro, y se marchó a un lugar solitario y allí se puso a orar» (Evangelio de San Marcos 1, 35).
- «Tomó a Pedro, a Juan y a Santiago y subió a lo alto del monte para orar. (...) Ellos guardaron silencio» (Evangelio de San Lucas 9, 28 y 36).

¿Para qué buscaba Jesús lugares solitarios? ¿Para qué guardaban los apóstoles silencio?

2 Observa atentamente y sigue los pasos.

a) Siéntate tranquilamente, cierra los ojos y guarda silencio.

b) Recuerda la imagen de Jesús e imagínate que estas junto a Él en silencio.

c) Siente en tu interior cómo el silencio despierta relajación, tranquilidad, paz, unión...

Dialogo en grupo

- ¿Qué has sentido en tu interior?
- ¿Qué crees que conseguirías si cada día dedicaras dos minutos a estar en silencio con Jesús?

Mi inteligencia emocional

Valoro y vivo los mejores sentimientos

Los sentimientos son una creación y un regalo de Dios a las personas. Jesús vivió muchos sentimientos. La Biblia nos enseña a descubrir nuestros sentimientos, a elegir los mejores y a disfrutar de ellos.

1 Lee y anota qué enseña el profeta Sofonías sobre Dios y los sentimientos.

«El Señor tu Dios está en medio de ti, valiente y salvador; se alegra y goza contigo, te renueva con su amor; exulta y se alegra contigo como en día de fiesta» (Sofonías 3, 17-18).

2 Observa y sigue los pasos.

a) En un papel, escribe y dibuja dos sentimientos que experimentes a menudo: uno positivo (paz, amor…) y otro negativo (envidia, enfado…). Después, dobla el papel sin escribir tu nombre.

b) Juntad y mezclad todos los papeles de la clase.

c) El profesor o la profesora los repartirá.

d) Cada alumno y cada alumna escribirá en la pizarra los nombres de los sentimientos que le han tocado y los explicará.

Dialogo en grupo

- ¿Cuáles son los dos sentimientos más negativos? ¿Por qué?
- ¿Y los dos que más ayudan a mejorar la convivencia? ¿Por qué?

4 Encuentro a Dios en la cultura

Leonardo da Vinci, un gran artista

Leonardo da Vinci nació en 1452, en la ciudad italiana de Florencia. Fue un magnífico artista cristiano. En sus obras expresó su fe en Dios. Para él, la pintura era «el camino para aprender a conocer al Creador de todas las cosas maravillosas».

Cuando tenía 43 años, le encargaron pintar la Última Cena en la pared del comedor de un convento de Milán. Para representar a Jesús y a los doce apóstoles, utilizó a personas de modelos.

Empezó su obra pintando a Judas, el apóstol que traicionó a Jesús. Durante semanas buscó un rostro que expresara la maldad de alguien capaz de traicionar a su mejor amigo.

En una prisión encontró a Pietro Bandinelli, un joven condenado a muerte, con la maldad reflejada en su mirada. Las autoridades permitieron que posase. Al terminar, Pietro suplicó al pintor:

—Por favor, ayudadme. No quiero ser como Judas.

Leonardo quedó impresionado por su arrepentimiento y consiguió su libertad.

Durante seis años más siguió pintando los otros once apóstoles Finalmente, buscó un rostro que expresara el gran amor de Jesús, seleccionó a un hombre de 33 años. Cuando terminó, Leonardo quiso pagarle. Pero el modelo le dijo:

—¿Cómo podría cobrarte? ¿No me reconoces? Soy Pietro Bandinelli. Hace seis años me diste la libertad y la oportunidad de cambiar mi vida para parecerme a Jesús.

Leonardo da Vinci murió en 1519. *La Última Cena* es considerada una de las mejores obras pictóricas del mundo. Contemplar su belleza ayuda a la persona a sentir a Dios en su corazón.

(Adaptación de *Mil anécdotas de virtudes,* de Julio Eugui. Ed. Rialp).

Comento y reflexiono

1 ¿Quién fue Leonardo da Vinci?

2 ¿Qué te gusta más de esta historia? ¿Por qué?

3 Observa los dibujos e imagina que eres el pintor. ¿Qué le dirías a Pietro Bandinelli?

4 ¿Qué buena enseñanza has descubierto en este relato?

5 ¿Qué puedes contar sobre el Dios cristiano?

Jesucristo y Dios

El misterio de Dios

Dios es el misterio más grande que existe. Sin embargo, ama tanto a las personas que se ha revelado en la Historia de la Salvación.

La **Historia de la Salvación** se narra en la Biblia. Comienza con la historia del pueblo de Israel y continúa con la historia de la Iglesia. Su centro es **Jesucristo,** en quien Dios se reveló de forma completa.

Dios se revela al pueblo de Israel

El pueblo de Israel fue descubriendo cómo es Dios en los personajes y en los acontecimientos de su historia:

- **Dios es creador,** porque ha creado todo lo que existe por su gran amor, que es el origen de todo. En la Biblia, Dios se manifiesta como Dios Creador. Él creó el mundo triunfando sobre los poderes del caos y ha dado nombre a todo lo creado.
- **Dios es el mejor amigo,** porque ayuda y ama a cada persona. Por ejemplo, ayudó a Abrahán a formar el pueblo de Israel.
- **Dios es libertador,** porque libera de la esclavitud. Por ejemplo, liberó a los israelitas de la esclavitud en Egipto, con ayuda de Moisés.
- **Dios es salvador,** porque ofrece la salvación a las personas. Por ejemplo, con la ayuda de los profetas, enseñó el camino para vivir feliz junto a Él para siempre.

Descubro palabras

Un misterio es algo difícil o imposible de comprender.

Revelar es dar a conocer o descubrir algo desconocido.

Encarnarse Dios es hacerse hombre en la persona de su Hijo Jesucristo.

Trabajo con la imagen

Observa una representación de la Natividad en la iglesia Lerchenfelder (Viena) y contesta: ¿en quién se encarnó Dios?

Dios se revela completamente en Jesucristo

Jesús de Nazaret, con sus enseñanzas, sus milagros y sus comportamientos de amor, reveló que Dios es un solo Dios con tres personas distintas: **Padre, Hijo** y **Espíritu Santo.**

- **Dios es Padre,** porque es vida y amor para todos, especialmente para su Hijo Jesucristo. Dios Padre nos da la vida por medio de nuestros padres y quiere que seamos felices con Él en la tierra y en el cielo.
- **Dios es Hijo,** porque se encarnó en Jesús de Nazaret, Jesucristo, para amarnos, salvarnos y enseñarnos a ser buenos hijos de Dios: «Yo y el Padre somos uno» (Evangelio de San Juan 10, 30).
- **Dios es Espíritu Santo,** porque es el mismo espíritu y amor que se tienen el Padre y el Hijo. Por ello, el Espíritu de Dios está siempre presente en la vida de Jesucristo, en la Iglesia y en los cristianos: «El que me ama guardará mis palabras, y mi Padre lo amará, y vendremos a él y haremos morada en él» (Evangelio de San Juan 14, 23).

TRABAJO CON LA IMAGEN

Observa este dibujo del siglo XV y contesta: ¿cómo aparecen representadas las tres personas de la Santísima Trinidad?

La Iglesia enseña la revelación de Dios

La Iglesia enseña que toda la vida de Cristo es revelación del misterio de Dios Padre. Así lo dicen Jesús: «Quien me ve a mí, ve al Padre» (Evangelio de San Juan 14, 9), y Dios Padre: «Este es mi Hijo amado; escuchadle» (Evangelio de San Lucas 9, 35).

Las revelaciones de Jesucristo sobre Dios constituyen el misterio más profundo y original de la fe cristiana. La Iglesia lo llama **misterio de la Santísima Trinidad,** y los cristianos lo profesamos en el **Credo.**

ACTIVIDADES

1 Copia y completa en tu cuaderno.

Dios es...	porque...
	ha creado todo lo que existe.
	ama y ayuda a cada persona.
	libera de la esclavitud.
	ofrece la salvación.
	es vida y amor.
	se encarnó en Jesús de Nazaret.
	es el mismo Espíritu del Padre y del Hijo.

2 En pareja, buscad en una Biblia impresa u online la cita Evangelio de San Juan 17, 1. Luego, escribidla en vuestro cuaderno y explicad qué le dice Jesús a su Padre Dios.

La Biblia

Los amigos de Jesús (Lc 10, 38-42; Jn 12, 1-11)

El siguiente relato de los **Evangelios de San Lucas y de San Juan** muestra que Jesús enseñaba el amor de Dios y amaba a sus amigos, al igual que Dios Padre se reveló como amigo al pueblo de Israel.

Para comprenderlo, ten en cuenta que, en aquel tiempo, un gesto de amistad era lavar los pies a la persona que llegaba de viaje.

1 Jesús recorría su país enseñando el amor de Dios. Lo acompañaba un grupo de amigos formado por los doce apóstoles y algunas mujeres. Otros amigos de Jesús eran los hermanos Lázaro, Marta y María. Vivían en Betania, y un día fue a visitarlos.

2 María atendió a Jesús y lo escuchó. Pero Marta se puso a limpiar la casa y dijo a Jesús:

—Di a María que me ayude.

—Marta, lo más importante es escuchar el mensaje de Dios —le respondió Jesús.

3 Otro día, Jesús volvió a Betania. Allí le ofrecieron un banquete. Marta atendía la mesa, y Lázaro era uno de los invitados.

María cogió un perfume muy caro y con él lavó los pies a Jesús. Después, se los secó con sus cabellos.

4 Entonces, Judas, el apóstol que traicionaría a Jesús, dijo:

—¿Por qué no se ha vendido ese perfume para repartir el dinero a los pobres?

Judas lo decía porque llevaba la bolsa del dinero del grupo de Jesús y robaba, no porque le importaran los pobres.

5 —A los pobres los tenéis siempre con vosotros y siempre los podéis ayudar; pero a mí no siempre me tenéis —contestó Jesús a Judas.

Después, muchos judíos fueron a ver a Jesús porque creían en Él por haber resucitado a Lázaro.

¿QUÉ NOS ENSEÑA LA BIBLIA?

En este relato, Jesús nos enseña cómo es su Padre Dios: un Dios que ama y ofrece su amistad para que las personas encuentren el camino de la salvación. También enseña que los gestos de amor y amistad ayudan a las personas a ser más felices en la vida diaria.

Busca en el mapa

Localiza Betania en el mapa de la página 109.

ACTIVIDADES

1 Escribe en tu cuaderno los nombres de los amigos de Jesús que aparecen en cada viñeta.

2 Selecciona los dos comportamientos de amistad que te parecen más importantes. Escríbelos en forma de rótulo.

3 Contesta en tu cuaderno.

a) ¿Qué te ha enseñado este relato sobre Dios Padre?

b) ¿Qué le dirías a Judas para que fuera un verdadero amigo?

4 Busca las citas siguientes en una Biblia impresa u online y cuenta qué dice Jesús en cada una de ellas:

a) Lc 10, 38-42　　b) Jn 12, 1-11

5 Lee y contesta.

«Marta, andas inquieta y preocupada con muchas cosas; solo una es necesaria. María, pues, ha escogido la parte mejor, y no le será quitada» (Evangelio de San Lucas 10, 41-42).

¿Por qué crees que Jesús dijo estas palabras a Marta?

LA BIBLIA Y EL ARTE

La Santísima Trinidad

1 Descifra y escribe en tu cuaderno.

Una manera de representar la Santísima Trinidad es con un 14-12-6-1-11-5-15-8-9 de tres lados iguales. Un lado del triángulo representa a Dios 10-1-3-12-4; el otro, a 7-4-13-15-2-12-6-13-14-9, y el otro, al 4-13-10-6-12-6-14-15 Santo.

1a
2c 15u
3d 14t
4e 13s
5g 12r
6i 7j 8l 9o 10p 11n

2 Completa en tu cuaderno otras formas de representar las tres personas de la Santísima Trinidad.

nube – paloma – mano – anciano – Jesucristo

A Dios Padre: con la imagen de un __________, o con una ______ abierta, o una ______.

A Dios Hijo: con la imagen de ______________ .

Al Espíritu Santo: con la imagen de una ________ blanca.

3 Observa esta pintura italiana del siglo XVI. Luego, contesta y dialoga con tus compañeros.

a) ¿Cómo aparecen representadas las tres personas de la Santísima Trinidad?

b) ¿Qué otros personajes aparecen?

c) ¿Qué sujetan Dios y Jesucristo? ¿A quién están coronando?

Fe y arte

El tema de este cuadro es la coronación de la Virgen María. En él aparece representada la Santísima Trinidad; en la parte superior: el Espíritu Santo en forma de paloma; a los lados de la Virgen: Jesucristo y Dios Padre, que colocan una corona a la Virgen María. Dios sostiene el mundo con su mano izquierda.

VALORES HUMANOS Y CRISTIANOS

Contemplar

El valor de contemplar consiste en observar en silencio y con tranquilidad una obra de arte religioso, un paisaje de la Creación... Contemplar acerca a Dios y da paz interior.

1 Ordena las palabras subrayadas y escríbelas en tu cuaderno. Después, contesta a las preguntas.

«Las ciudades y los pueblos en todo el mundo contienen tesoros de arte que ① saprenex la fe y nos remiten a la ② ciónlare con Dios.

La visita a los lugares de arte no ha de ser solo ocasión de enriquecimiento ③ raltucul, sino sobre todo un momento de gracia, de estímulo para ④ rezarfor nuestra relación y nuestro ⑤ godiálo con el Señor, para detenerse a ⑥ conplartem y ⑦ elenosvar hacia Dios» (Papa Benedicto XVI).

a) ¿Qué reforzamos los cristianos al visitar los lugares de arte?

b) ¿Qué ocurre cuando nos detenemos a contemplar obras de arte, como la catedral de la Sagrada Familia (derecha)?

2 Contempla la fotografía en silencio y contesta.

a) ¿Qué elemento o elementos te producen paz interior?

b) ¿Qué elementos te acercan a Dios?

REPASO DE LA UNIDAD

RESUMO LO MÁS IMPORTANTE

1 Completa descifrando en tu cuaderno. Por ejemplo: α✝ = a.

	✝	🐟	♡	🍞	🌿	🍷
α	a	d	e	h	i	j
ω	n	o	p	r	s	t

Jesucristo desvela al Padre. Un único α🐟–α🌿–ω🐟–ω🌿 con tres personas distintas: Dios ω♡–α✝–α🐟–ω🍞–α♡, Dios α🍞–α🌿–α🍷–ω🐟 y Dios Espíritu ω🌿–α✝–ω✝–ω🍷–ω🐟.

COMPRUEBO LO APRENDIDO

1 Escribe en tu cuaderno el número y la palabra correcta.

Padre – Biblia – escuchadle – contemplar – uno
Jesucristo – Credo – María – Salvación – Trinidad

1. Dios se ha revelado en la Historia de la...
2. Dios se reveló de forma completa en...
3. Dios se manifiesta como Creador en la...
4. Los cristianos llamamos a Dios Padre, Dios Hijo y Dios Espíritu Santo el misterio de la Santísima...
5. La oración en la que los cristianos profesamos la fe en Dios es el...
6. Jesús fue a Betania y visitó a Marta y a su hermana...
7. Jesús dice: «Quien me ve a mí, ve al...».
8. Jesús también dice: «Yo y el Padre somos...».
9. Y Dios Padre nos dice: «Este es mi hijo amado; ...».
10. El valor que consiste en observar en silencio y con tranquilidad algo es el...

APRENDO MÁS

La oración del Credo

El Credo resume las principales verdades de la fe cristiana, que los cristianos profesamos públicamente.

1 Lee y recita. Después, escribe en tu cuaderno en quién creemos los cristianos.

Credo de los apóstoles

Creo en Dios, Padre todopoderoso,
Creador del cielo y de la tierra.

Creo en Jesucristo, su Único Hijo, Nuestro Señor,
que fue concebido por obra y gracia del Espíritu Santo.
Nació de Santa María Virgen,
padeció bajo el poder de Poncio Pilato,
fue crucificado, muerto y sepultado, descendió a los infiernos,
al tercer día resucitó de entre los muertos,
subió a los cielos y está sentado a la derecha de Dios Padre todopoderoso.
Desde allí ha de venir a juzgar a vivos y a muertos.

Creo en el Espíritu Santo, la Santa Iglesia católica,
la comunión de los santos, el perdón de los pecados,
la resurrección de la carne y la vida eterna. Amén.

CUENTO MI EXPERIENCIA

1 Lee y, después, contesta.

Los cristianos profesamos públicamente nuestra fe cuando expresamos a los demás que somos amigos de Jesús y que pertenecemos a la Iglesia.

¿Cómo puedes expresar tu fe en Jesús?

2 Confecciona un marcapáginas: en una cara realiza un dibujo y en la otra escribe una frase en la que expreses tu amistad y tu fe a Jesucristo. Por ejemplo:

«Jesús, mi amigo y mi salvador, creo en ti».

«Jesús, creo en la vida eterna junto a ti».

5 Me alegra comportarme bien

El hombrecillo de papel

Un día, una niña estaba en su cuarto aburrida. Entonces, cogió un periódico e hizo un hombrecillo, con el que estuvo jugando.

Por la tarde fueron a su casa dos amigos, y ella les enseñó su hombrecillo de papel. Este se sintió tan feliz que comenzó a contarles las historias que llevaba escritas. Eran historias de guerra, de hambre, de paro, de crisis..., y los niños se echaron a llorar.

El hombrecillo pensó: «Mis historias no son buenas; hacen llorar a los niños. ¡Cómo me gustaría hacerles reír!». Y se marchó muy triste.

En la calle vio una lavandería y entró para que le borraran las historias que llevaba escritas. Salió blanco como la nieve y volvió a la casa muy contento. Los niños le pidieron que les contara otras noticias. Pero de su boca no salió ni una palabra; se había quedado mudo. Y muy triste, volvió a marcharse.

Caminando por las calles, vio a muchas personas que se portaban bien y se llenó de sus historias. Entonces, se sintió un hombre nuevo y feliz. Su corazón estaba escrito con nuevas palabras de amor, de paz, de generosidad...

Decidió volver con los niños, y les habló de personas que ayudan a los demás para que la vida sea mejor, más justa, más libre y más hermosa. Al oír estas noticias, los niños rieron llenos de alegría.

Desde entonces, cada noche, el nuevo hombrecillo de papel visita a los niños y les cuenta una buena noticia, que les enseña a practicar el valor de la dignidad humana: tratar a todos con igualdad y comportarse bien con Dios y con los demás.

(Adaptado de *El hombrecillo de papel*, de Fernando Alonso. Ed. Miñón).

Comento y reflexiono

1. ¿Por qué se pusieron tristes los niños?
2. ¿Cómo consiguió el hombrecillo de papel dar buenas noticias?
3. Observa los dibujos y descríbelos.
4. ¿Qué te ha enseñado este cuento?
5. ¿Qué conoces sobre las tentaciones y sobre los buenos comportamientos que deben practicar los cristianos?

Jesús y la moral cristiana

En nuestra sociedad nos vemos continuamente tentados: por el dinero, por el consumo, por las marcas… Para no caer en las tentaciones, debemos cumplir **normas morales.** Los cristianos, además, debemos practicar la **moral cristiana.**

Las normas morales de la humanidad

Las principales normas morales de la humanidad son los **Diez Mandamientos** y la **Declaración Universal de los Derechos Humanos.**

Los Diez Mandamientos están recogidos en la Declaración Universal de los Derechos Humanos. Dios los ha grabado en la conciencia de la persona, para ayudarla a diferenciar el bien del mal y evitar las tentaciones.

La moral cristiana

La moral cristiana es la respuesta que el cristiano da al amor de Dios, al haber sido creado por Dios a su imagen y semejanza. Esta respuesta consiste en seguir el ejemplo de Jesús en la vida diaria y practicar sus enseñanzas y las de la Iglesia.

Sirve para diferenciar el bien del mal, evitar las tentaciones y comportarse bien con Dios, con los demás, con uno mismo y con la naturaleza.

La **moral cristiana** está formada por el conjunto de normas, mandamientos y virtudes que el cristiano debe practicar por su fe: **los Diez Mandamientos, el Mandamiento del Amor** y **las Bienaventuranzas.**

Descubro palabras

La Declaración Universal de los Derechos Humanos es un documento aprobado por la Organización de las Naciones Unidas (ONU) en 1948.

Las virtudes son los buenos hábitos para hacer el bien.

Para el cristiano, la tentación es el impulso de pecar.

Trabajo con la imagen

Observa las fotografías y contesta: ¿cómo practican la moral cristiana?

A

B

TRABAJO CON LA IMAGEN

Observa y contesta: ¿cómo practica la moral cristiana la religiosa de esta fotografía?

Las Bienaventuranzas y el Mandamiento del Amor

Los cristianos, con la ayuda del Espíritu Santo, debemos practicar en todos los ámbitos de nuestra vida (colegio, amigos, familia...) las Bienaventuranzas y el Mandamiento del Amor.

Jesús enseñó el **Mandamiento del Amor** con estas palabras: «Amarás al Señor tu Dios con todo tu corazón, con toda tu alma, con toda tu mente». Este es el primer mandamiento y el principal. El segundo es semejante a este: «Amarás al prójimo como a ti mismo» (Evangelio de San Mateo 22, 37-39).

Las **Bienaventuranzas** son un resumen del mensaje del Reino de Dios. Jesús prometió, en el sermón de la Montaña, que las personas que practican la paz, la justicia, la misericordia, etc., encontrarán la felicidad y la salvación de Dios:

«Bienaventurados los pobres en el espíritu, porque de ellos es el reino de los cielos. Bienaventurados los mansos, porque ellos heredarán la tierra. Bienaventurados los que lloran, porque ellos serán consolados (...)» (Evangelio de San Mateo 5, 3-12).

ACTIVIDADES

1 Escribe una frase en tu cuaderno con cada grupo de palabras.

a) conciencia – bien – mal
b) moral cristiana – cristiano – Jesús
c) Bienaventuranzas – Mandamiento del Amor
d) sociedad – personas – tentación

2 En grupo, realizad un mural con noticias que mejoran el mundo.

a) Buscad noticias que muestren el amor a Dios, a los demás (de solidaridad, paz, ayuda...) y a la naturaleza.

b) Escribid junto a cada noticia su resumen.

La Biblia Las tentaciones de Jesús (Lc 4, 1-13)

Vas a leer un relato del **Evangelio de San Lucas 4, 1-13,** que narra las tentaciones de Jesús.

Después de bautizarse, Jesús se retiró al desierto durante cuarenta días. Allí fue puesto a prueba para que renunciara a la obediencia de Dios y no cumpliera su misión de salvación.

1 Jesús, lleno del Espíritu Santo, volvió del río Jordán, donde Juan Bautista lo había bautizado, y el Espíritu lo fue llevando durante cuarenta días por el desierto, mientras era tentado por el diablo.

2 En esos cuarenta días estuvo sin comer; al final sintió hambre y el diablo le dijo:

—Si eres el Hijo de Dios, di a esta piedra que se convierta en pan.

—Está escrito: «No solo de pan vive el hombre» —dijo Jesús.

3 Después, el diablo lo llevó a la parte más alta del desierto, le mostró todos los reinos del mundo y le dijo:

—Todo esto será tuyo, si tú te arrodillas ante mí.

—Está escrito: «Al Señor, tu Dios, adorarás y a Él solo darás culto» —dijo Jesús.

4 Entonces, lo llevó a Jerusalén y lo puso en el alero del Templo y le dijo:

—Si eres el Hijo de Dios, tírate de aquí abajo, porque está escrito: «Ha dado órdenes a sus ángeles para que te cuiden».

5 —Está escrito: «No tentarás al Señor, tu Dios» —le contestó Jesús.

Entonces, el demonio se marchó.

Jesús volvió a Galilea con la fuerza del Espíritu y comenzó a enseñar el mensaje de su Padre Dios.

¿QUÉ NOS ENSEÑA LA BIBLIA?

Este relato nos enseña que debemos imitar el comportamiento de Jesús para enfrentarnos a situaciones en las que nos sentimos tentados. También que debemos confiar de la Providencia de Dios, y que no debemos exponernos a peligros sin necesidad y ni adorar los bienes materiales.

Busca en el mapa

Localiza el río Jordán, Jerusalén y Galilea en el mapa de la página 109.

ACTIVIDADES

1 Contesta en tu cuaderno.

a) ¿Cuántas veces fue tentado Jesús en el desierto?

b) ¿En qué consistió cada tentación?

c) ¿Cómo respondió Jesús?

2 Recita el Padrenuestro y escribe en tu cuaderno la frase en la que los cristianos pedimos a Dios que nos ayude a no caer en la tentación.

3 En pareja, buscad en una Biblia impresa u online las citas siguientes y contestad:

a) Evangelio de San Mateo 27, 40: ¿qué tentación pudo tener Jesús?

b) Evangelio de San Mateo 26, 41: ¿qué le pide Jesús a sus discípulos?

4 Piensa en alguna tentación que observes en la sociedad actual, contesta y dialoga.

¿Cuál es? ¿Qué piensas sobre ella? ¿Cómo crees que se podría solucionar?

LA BIBLIA Y EL ARTE

Las tentaciones de Jesús

1 Completa escribiendo en tu cuaderno los números y las palabras correspondientes.

Dios – días – piedras – desierto – tentado

«Entonces Jesús fue llevado al ① ___________ por el Espíritu para ser ② __________ por el diablo. Y después de ayunar cuarenta ③ ______ con sus cuarenta noches, al fin sintió hambre. El tentador se le acercó y le dijo: "Si eres Hijo de Dios, di que estas ④ __________ se conviertan en panes". Pero Él contestó: "Está escrito: No solo de pan vive el hombre, sino de toda palabra que sale de la boca de ⑤ ______» (Evangelio de San Mateo 4, 1-4) .

2 Contesta en tu cuaderno.

a) ¿Por quién fue tentado Jesús?

b) ¿Cuánto tiempo pasó en el desierto ayunando?

3 Observa y escribe en tu cuaderno quiénes aparecen y qué están diciendo.

4 Anota en tu cuaderno un título para este cuadro.

5 Describe el cuadro a tu compañero o compañera. Cuéntale qué ocurrió después.

Fe y arte

En esta obra, el pintor ha representado al diablo disfrazado de ermitaño, vestido con un hábito y apoyado en un bastón.

El diablo simboliza las tentaciones. Y estas, aunque se disfracen, se pueden superar si llevamos en la mente y en el corazón la Palabra de Dios.

VALORES HUMANOS Y CRISTIANOS

La dignidad humana

El valor de la dignidad humana consiste en defender el derecho fundamental e inviolable que tiene toda persona a vivir bien, con respeto y justicia.

1 Descifra y contesta.

«El siempre tiende a . (…) Comunicándolo, el se arraiga y se . Por eso, quien quiera vivir con y plenitud no tiene otro más que reconocer al otro y su » (Papa Francisco).

a) ¿Qué hay que hacer para vivir con dignidad?

2 ¿Qué afirma la Declaración Universal de los Derechos Humanos? Explícalo.

«Todos los seres humanos nacen libres e iguales en dignidad y derechos».

3 Lee, contesta y dialoga con tus compañeros y compañeras.

Hoy, la profesora de 6.° A ha explicado a la clase la importancia que tiene para las personas practicar la dignidad:

—Todos debemos respetarnos unos a otros, valorarnos y aceptarnos tal como somos, con nuestras cualidades y nuestros defectos. Así la convivencia en clase será buena.

a) ¿Por qué es importante que las personas se respeten y se valoren?

b) ¿Os respetáis unos a otros en vuestra clase?

c) ¿Qué cualidades de tus compañeros y compañeras aprecias más?

d) ¿Cómo practicas tú el valor de la dignidad?

REPASO DE LA UNIDAD

RESUMO LO MÁS IMPORTANTE

1 Completa siguiendo el orden de las flechas. Escribe en tu cuaderno el número y la palabra correspondiente.

v	a	c	i		t	e	n	t	a		r	a
												l
o	n	i	m			d		n	e	r	e	
						e						
						m		t	u	r	a	

Jesús muestra el ① ca_____ de fidelidad al plan de ② sal__ - __ón de Dios al rechazar las ③ ______ciones.

La ④ mo___ cristiana ayuda a ⑤ dif_____ciar el bien del mal, a evitar las tentaciones y a comportarse bien con Dios, con los ⑥ ___ás, con uno mismo y con la ⑦ na_____leza.

COMPRUEBO LO APRENDIDO

1 Escribe en tu cuaderno el número de cada frase y una V si es verdadera. Si es falsa, escríbela correctamente.

1. La moral cristiana es la respuesta que el cristiano da al amor de Dios.
2. Las normas de la moral cristiana son los Diez Mandamientos, el Mandamiento del Amor y los sacramentos.
3. Dios ha grabado la Declaración Universal de los Derechos Humanos en la conciencia de la persona.
4. Jesús fue tentado por el diablo para que renunciara a la obediencia de Moisés.
5. La moral cristiana sirve para evitar las tentaciones y diferenciar el bien del mal.
6. Jesús, después de bautizarse en el Jordán, se fue a Egipto.
7. El diablo tentó a Jesús pidiéndole que convirtiera la piedra en agua.
8. El valor de la dignidad humana consiste en defender el derecho de toda persona a vivir con respeto y justicia.

APRENDO MÁS

El Papa Francisco enseña a salir de la tentación

El Papa Francisco nos ayuda a salir de la tentación con estas enseñanzas:

- «Todos somos pecadores y todos sentimos la tentación. La tentación es el pan nuestro de cada día».
- «La tentación viene de nuestras pasiones y debilidades interiores, de las heridas que ha dejado en nosotros el pecado original».
- «Escuchar la Palabra nos ayuda a salir de la tentación (...). Jesús siempre está dispuesto a enseñarnos cómo salir de la tentación y nos da más confianza».

1 Contesta en tu cuaderno.

a) ¿Qué es la tentación para el Papa?

b) ¿De dónde viene?

c) ¿Cómo podemos salir de la tentación?

CUENTO MI EXPERIENCIA

1 Lee las siguientes tentaciones y contesta:

a) Estoy en el parque y veo que un niño ha dejado su balón en un banco. ¿Qué hago?

b) Voy a ir a misa, pero me llama un amigo o una amiga para ir al cine. ¿Te vas a misa o al cine?

c) Al pagar en una tienda me dan más dinero en el cambio. ¿Lo digo?

2 Cuenta a tus compañeros y compañeras alguna tentación que hayas tenido:

¿En qué consistió? ¿Cómo te sentiste?...

6 Aprendo a ser misionero de Jesús

El ejemplo de una deportista cristiana

Melissa Jeanette Franklin nació en 1995, en Estados Unidos. Su familia la educó en los valores del deporte de la natación: entrenamiento, sacrificio, superación…

Pero la religión no fue importante en su educación hasta que empezó a ir a un instituto católico de jesuitas. Allí se convirtió a Jesucristo, se bautizó y comenzó a colaborar en la misión de la Iglesia. Así nos lo explica ella:

«Al recibir mis primeras clases de teología, al ir a mis primeras misas y a mis primeros ejercicios espirituales, comencé a comprender la importancia de Dios en mi vida y cuánto le amo y le necesito».

Melissa ha ganado muchos premios gracias a los valores deportivos y cristianos que practica.

En los Juegos Olímpicos de 2012, con 17 años, ganó cinco medallas, cuatro de oro. En el Campeonato Mundial de Natación de 2013, celebrado en Barcelona, ganó seis medallas de oro, estableciendo el récord de medallas de oro ganadas por una nadadora en un campeonato del mundo.

En su vida diaria, Melissa trata de parecerse a Jesús, colaborando en la misión de la Iglesia y practicando el valor de la santidad. Así expresa qué hace para practicar este valor y su fe en Dios:

«Hablo con Dios antes, durante y después de los entrenamientos y de las competiciones. Le pido que me oriente. Le agradezco este talento que me ha dado y le prometo ser un modelo positivo para los jóvenes practicantes de todos los deportes».

(Tomado y adaptado de http://hollowverse.com/missy-franklin/).

Descubro palabras

El valor de la santidad consiste en comportarse como santo e hijo de Dios.

Comento y reflexiono

1. ¿Quién es Melissa Franklin?
2. ¿Qué hace Melissa para practicar el valor de la santidad?
3. Describe las ilustraciones.
4. ¿Qué te llama más la atención de su vida?
5. ¿Qué recuerdas de la misión de la Iglesia?

Jesús y la misión de la Iglesia

La misión de Jesús de Nazaret

Jesús de Nazaret dedicó su vida a enseñar, con hechos y palabras, el mensaje de salvación de su Padre Dios: «Dios, nuestro Salvador, que quiere que todos se salven y lleguen al conocimiento de la verdad» (Primera Carta de Timoteo 2, 3-4).

La misión salvadora del grupo de Jesús

Para que le ayudaran a continuar su misión de salvación, Jesús formó el **grupo de apóstoles y discípulos.** A este grupo prometió enviarles el Espíritu Santo, que les ayudaría a cumplir su misión.

Después de su resurrección, Jesucristo recordó a los apóstoles la misión que les había encargado: «Id, pues, y haced discípulos a todos los pueblos, bautizándolos en el nombre del Padre y del Hijo y del Espíritu Santo; enseñándoles a guardar todo lo que os he mandado» (Evangelio de San Mateo 28, 19-20).

Cuando los apóstoles recibieron el **Espíritu Santo,** el día de Pentecostés, comenzaron a enseñar el mensaje de Jesucristo en Jerusalén.

TRABAJO CON LA IMAGEN

Observa el mapa de las ciudades del Mediterráneo en las que predicaron los apóstoles y discípulos de Jesús. Luego, contesta: ¿en qué ciudad se formó la primera comunidad? ¿Cuál fue la ciudad más lejana a la que llegaron los discípulos?

Los orígenes de la Iglesia y su expansión

En Jerusalén, muchas personas que escuchaban el mensaje de los apóstoles creyeron en Jesucristo, se bautizaron y se unieron al grupo de los primeros cristianos. Así se formó en esta ciudad la **primera comunidad cristiana.**

Después, los apóstoles y algunos discípulos viajaron por diferentes ciudades y países del mundo predicando y fundando nuevas comunidades cristianas. De esta forma se fueron creando otras comunidades cristianas, y todas juntas forman la **Iglesia.**

Por ello, la Iglesia fue instituida por Jesucristo, manifestada por el Espíritu Santo y construida por los apóstoles.

Desde sus orígenes hasta hoy, la Iglesia, por la fuerza del Espíritu Santo, sigue creciendo y continúa la misión de salvación de Jesucristo.

TRABAJO CON LA IMAGEN

Observa el detalle de *Pentecostés*, de Luis Morales (1509-1586). ¿Con qué símbolos aparece representado el Espíritu Santo?

La misión salvadora de la Iglesia

Desde Pentecostés, la Iglesia continúa la triple misión salvadora que Jesús le encargó:

- Enseñar el mensaje de salvación de Jesucristo.
- Gobernar a todos los cristianos.
- Ayudar a las personas a ser santos y santas.

ACTIVIDADES

1 En pareja, escribid en vuestro cuaderno una frase con cada grupo de palabras.

a) Jesús – mensaje – salvación

b) Jesús – grupo – misión

c) Iglesia – orígenes – expansión

d) Iglesia – misión – salvadora

2 Escribe en tu cuaderno qué encargó Jesús a sus apóstoles. Luego, explícaselo a tu compañero o compañera.

3 En pareja, responded en vuestro cuaderno.

a) ¿Qué hizo Jesús para enseñar su mensaje de salvación?

b) ¿Qué hace hoy la Iglesia para continuar su misión?

4 Copia la tabla en tu cuaderno y complétala con las ciudades del mapa, a cuyas comunidades cristianas iban dirigidas las Cartas del Nuevo Testamento.

Carta a los...	Ciudad
Tesalonicenses	Tesalónica
Corintios	
Gálatas	
Efesios	
Filipenses	
Colosenses	
Romanos	

La Biblia La vida de San Pablo (Hch)

Vas a leer un relato sobre la vida de San Pablo que se narra en el libro de los **Hechos de los Apóstoles** y en las **Cartas** del Nuevo Testamento que él escribió.

Antes de hacerse cristiano, se llamaba Saulo y era fariseo. Los fariseos eran judíos muy rigurosos en el cumplimiento de las normas de su religión.

1 Saulo nació en la ciudad de Tarso, unos años después de nacer Jesús, al que no conoció personalmente.

Sus padres eran judíos fariseos. De joven, Saulo estudió en Jerusalén los libros sagrados del judaísmo, y allí se unió al grupo de los fariseos.

2 Saulo era un celoso cumplidor de la Ley de Dios y perseguía a los cristianos porque pensaba que eran una secta que se apartaba de la verdadera fe judía.

3 Un día, que viajaba de Jerusalén a Damasco, una fuerte luz lo deslumbró. Cayó al suelo y escuchó una voz que le decía: «¡Saulo! ¿Por qué me persigues?». Saulo preguntó: «¿Quién eres?».

La voz respondió: «Soy Jesús, a quien tú persigues».

4 Al levantarse, descubrió que estaba ciego. Un cristiano, le ayudó a recobrar la vista. Estas experiencias le hicieron convertirse e integrarse en la comunidad cristiana. Pablo viajó por el Mediterráneo predicando y formando comunidades cristianas.

5 A esas comunidades, Pablo escribió cartas para transmitirles este mensaje: Jesús es el Señor, que ha muerto y ha resucitado y vencido al pecado y a la muerte, y ofrece su salvación a todas las personas sin distinción. Pablo fue encarcelado y murió mártir en Roma.

¿QUÉ NOS ENSEÑA LA BIBLIA?

Este relato nos enseña que la persona que se encuentra con Jesús cambia su vida y se convierte en su discípulo. También nos enseña que hay que respetar a todas las personas, sean cual sea su cultura y su religión.

Busca en el mapa

Localiza Tarso, Jerusalén, Damasco, Roma y el mar Mediterráneo en el mapa de la página 110.

ACTIVIDADES

1 ¿Qué te llama la atención de la vida de Pablo?

2 ¿Qué enseñanzas has descubierto en el relato de la vida de San Pablo?

3 Escribe qué hizo Pablo para cumplir la misión de la Iglesia.

4 Completa y escribe en tu cuaderno.

a) Pablo viajó por el Mediterráneo predicando y…

b) El mensaje que San Pablo transmite en sus Cartas es…

5 Escribe en un buscador de Internet: «Seamos gansos». Observa atentamente la presentación, y luego contesta y dialoga con tus compañeros y compañeras.

a) ¿De qué trata?

b) ¿Qué lección te parece más importante para mejorar la convivencia en los grupos a los que perteneces?

c) ¿Qué comportamiento te enseña para colaborar en la misión de la Iglesia?

LA BIBLIA Y EL ARTE

El colegio apostólico

1 Lee y, después, contesta a las preguntas.

Por disposición de Jesucristo, los doce apóstoles forman un grupo, que se llama colegio apostólico. La misión del colegio apostólico es dar testimonio de que Jesús es el Mesías, el Hijo de Dios.

El colegio apostólico aparece representado en muchas obras de arte.

a) ¿Quiénes forman el colegio apostólico?

b) ¿Cuál es su misión?

Fe y arte

Los doce apóstoles aparecen representados con sus símbolos: Pedro, con las llaves del cielo; Santiago, con una cruz y una biblia; Juan, con un pergamino y una pluma; Andrés, con una cruz en forma de aspa...

2 Observa y contesta en tu cuaderno.

a) ¿Quién es el personaje que está en el centro?

b) ¿Quiénes lo rodean? ¿Cómo se llama este grupo?

3 Completa y escribe en tu cuaderno.

Jesucristo, en el centro del colegio apostólico, representa que Él es el c_ntr_ de la Igl_s_a y de su m_s_ón.

4 Ordena y escribe en tu cuaderno.

/ que sostienen / Las columnas simbolizan / son las columnas / de la Iglesia. / que los apóstoles /

5 Busca en una Biblia impresa u online la cita Evangelio de San Marcos 3, 13-19, y escribe en tu cuaderno los nombres de los doce miembros del colegio apostólico.

VALORES HUMANOS Y CRISTIANOS

La santidad

El valor de la santidad consiste en comportarse como un santo cristiano en la vida diaria: en la familia, en el colegio, en el deporte... Así nos lo pide Jesús: «Lo mismo que es santo el que os llamó, sed santos también en vuestra conducta, porque está escrito: seréis santos, porque yo soy santo» (1 Pe 1, 15-16).

1 a	2 c	3 d
4 e	5 l	6 n
7 r	8 s	9 t
10 o	11 p	

1 Descifra y escribe en tu cuaderno.

El cristiano celebra la fiesta de su santo para 7-4-2-10-7-3-1-7-5-10, 11-1-7-4-2-4-7-8-4 a él y ser cada día más 8-1-6-9-10.

2 Consulta tu santo en un santoral de Internet:

a) Escribe en un buscador: http://www.es.catholic.net/santoral/

b) Busca tu santo o tu santa pinchando en el apartado «Consultar santoral por orden alfabético».

c) Lee su historia y escribe en tu cuaderno en qué te gustaría parecerte a él o a ella.

3 Consulta en la página web anterior el significado de tu nombre pinchando en «Qué significa tu nombre».

4 Confecciona una invitación para celebrar el día de tu santo. Explica en ella el significado de tu nombre y un motivo cristiano por el cual celebras esta fiesta.

Te invito a celebrar el día de mi santo:
Santa Ana, que significa «la gracia de Dios».

Quiero celebrarlo contigo para que todos recibamos la gracia de Dios.

Te espero.

Tu amiga, Ana

REPASO DE LA UNIDAD

RESUMO LO MÁS IMPORTANTE

1 Completa escribiendo en tu cuaderno el número y la palabra correspondiente.

La Iglesia, con la ayuda del ①__________ Santo, sigue creciendo en el ②______, y continúa la triple misión de ③___________ que Jesucristo encargó a sus discípulos: ④________, ⑤__________ y ayudar a los demás.

COMPRUEBO LO APRENDIDO

1 Copia y resuelve en tu cuaderno.

1. Comunidad de todos los cristianos que continúa la triple misión salvadora que Jesús le encargó.
2. Seguidores de Jesús, a quienes Él encargó continuar su misión salvadora.
3. Él dedicó su vida a enseñar, con hechos y palabras, el mensaje de salvación de Dios y fundó la Iglesia.
4. Misión que Jesús encargó a los apóstoles en el nombre del Padre, del Hijo y del Espíritu Santo.
5. Discípulo de Jesús que, y antes de conocerlo era fariseo y se llamaba Saulo.
6. Ciudad en la que murió mártir San Pablo.
7. Valor que consiste en comportarse como un santo en la vida diaria.

APRENDO MÁS

El cristiano es misionero de Cristo

El cristiano siente que Jesús le ama y lo llama para colaborar en su misión. Y él acepta ser su misionero.

1 Escribe en tu cuaderno las palabras en este orden: primero las de las casillas pares; después, las de las impares.

1  de Cristo	2 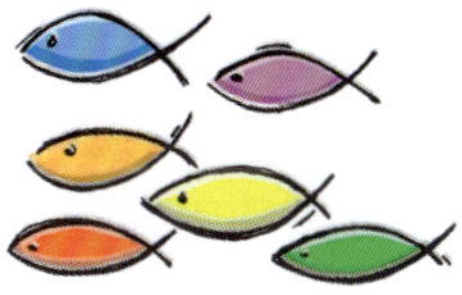 «El cristiano es,	3  enviado al	4  en la Iglesia y
5  mundo».	6  con la Iglesia,	7  (Benedicto XVI).	8  un misionero

2 ¿Cómo define el Papa Benedicto XVI a los cristianos?

CUENTO MI EXPERIENCIA

1 Ordena las palabras subrayadas. Luego, anota en tu cuaderno qué expresa el símbolo cristiano de la barca.

La barca es un símbolo que expresa que la Iglesia gavena por el om-dun para realizar la ismóni que Jesucristo encargó a los taoplesós.

2 Dibuja una barca y escribe dos ejemplos que expresen cuándo te sientes misionero de Jesús en la vida diaria. Fíjate en el ejemplo.

Yo me siento misionero de Jesús cuando…
- invito a un amigo a ir a misa.
- canto en el coro de la iglesia.
- expreso que Jesús es mi amigo.
- ayudo a un compañero.

Aprendo cooperando

Coopero con la Jornada de la Infancia Misionera

Una forma de cooperar en grupo es colaborando en una campaña de solidaridad con los niños de los países más pobres. Por ejemplo, en la Jornada de la Infancia Misionera.

1 Lee y anota en tu cuaderno en qué consiste la Jornada de la Infancia Misionera.

La Jornada de la Infancia Misionera es una organización y obra de la Iglesia católica. Se celebra cada año, el cuarto domingo de enero. Sus protagonistas son los niños que ayudan a los niños más necesitados del mundo, repartiendo revistas, recogiendo donativos, dando a conocer la Jornada, rezando…

WWW **2** Toda la clase participará en la Jornada de la Infancia Misionera. Formad grupos de cuatro alumnos. Cada grupo nombrará a dos responsables: uno para coordinar los trabajos y a otro para presentarlos.

a) Cada grupo visitará la web /www.infanciamisionera.es/, elegirá un apartado (el lema y el vídeo de la Jornada, el juego APP Infancia Misionera, la revista *Gestos*…) y lo explicará a la clase.

b) Cada grupo elegirá y realizará una de las siguientes tareas. Después, su representante la presentará a la clase.

- Confeccionar un mural sobre la importancia de colaborar con la Infancia Misionera.
- Recoger donativos en el colegio y en las familias.
- Repartir y explicar sus revistas: *Gesto, Supergesto, Misioneros,* etc.

Dialogo en grupo

- ¿Hemos trabajado en grupo de forma cooperativa?
- ¿Qué hemos conseguido?
- ¿Qué ha sido más positivo? ¿Por qué?

INVESTIGO EN INTERNET

Participo en un cine-fórum sobre los valores

En Internet encontramos muchas películas, animaciones y presentaciones que enseñan valores humanos y cristianos. La Iglesia recomienda el cine-fórum como un medio para valorarlos.

1 Lee y, después, contesta.

«Sería muy útil facilitar a los más jóvenes la creación de cine-fórum que, animados por válidos y expertos educadores, conduzcan a los jóvenes a que se expresen y aprendan a escuchar a los otros, en debates constructivos y serenos» (Papa San Juan Pablo II: «El cine transmisor de cultura y valores»).

¿Para qué sirve el cine? ¿Y el cine-fórum?

WWW **2** Sigue estos pasos y participa en un cine-fórum:

a) Busca en Internet el vídeo titulado: «UP Historia de amor verdadero. HD».

b) Visiónalo y escúchalo en silencio.

Dialogo en grupo

- ¿Qué te ha gustado más? ¿Por qué?
- ¿Qué sentimientos te ha despertado?
- ¿Qué valores te ha enseñado?

Mi inteligencia espiritual

Desarrollo mi espiritualidad con la meditación

La espiritualidad se desarrolla practicando la meditación. Meditar consiste en pensar y reflexionar en algo con mucho detenimiento. Por ejemplo, meditar sobre una oración o sobre una cita de la Biblia.

1 Lee la cita. Después, elige la frase que más te gusta y memorízala.

> «Sed misericordiosos como vuestro Padre es misericordioso; no juzguéis, y no seréis juzgados; no condenéis, y no seréis condenados; perdonad, y seréis perdonados; dad, y se os dará» (Evangelio de San Lucas 6, 36-38).

2 Sigue los pasos y medita sobre la frase que has elegido.

a) Cierra los ojos y guarda silencio.

b) Recuerda tu frase y repítela tranquilamente en tu interior hasta que sientas que te relajas y te llenas de paz.

c) Medita sobre tu frase contestando a estas preguntas:

- ¿Por qué la has elegido?
- ¿Con qué personas debes practicarla?
- ¿Serías más feliz si lo hicieras?

d) Cuando lo indique el profesor o la profesora, abre los ojos lentamente, observa tus manos, el aula en que estás…

Dialogo en grupo

- ¿Qué frase has elegido?
- ¿Qué has meditado sobre ella?
- ¿Para qué te ha servido?

Mi inteligencia emocional

Valoro y vivo el sentimiento de amistad

El sentimiento de amistad es uno de los mejores sentimientos. Los amigos experimentan este sentimiento de unión, amor, confianza y felicidad mutua. Jesús es el mejor amigo porque nos ama y entrega su vida para salvarnos.

1 Lee y anota en tu cuaderno qué enseña Jesús sobre los amigos.

«Nadie tiene amor más grande que el que da la vida por sus amigos. Vosotros sois mis amigos si hacéis lo que yo os mando (...): que os améis unos a otros» (Evangelio de San Juan 15, 13-14 y 17).

WWW 2 Busca en Internet el vídeo «La amistad - Laura Pausini (lyrics)», cierra los ojos y escucha la canción en silencio. Después, vuelve a escucharla leyendo su letra:

La amistad de Laura Pausini

La amistad es algo que atraviesa el alma.
Es un sentimiento que no se te va.
No te digo cómo, pero ocurre justo,
cuando dos personas van volando juntos.
Suben a lo alto sobre la otra gente,
como dando un salto en la inmensidad.

Y no habrá distancia.
No la habrá. Ni desconfianza.
Si te quedas en mi corazón, ya siempre.
Porque en cada sitio que estés,
porque en cada sitio que esté,
en las cosas que vives, yo también viviré.
Porque en cada sitio que estés,
nos encontraremos unidos.
Uno en brazos del otro, es el destino.

Dialogo en grupo

- ¿Qué sentimientos te ha producido esta canción?
- ¿A qué personas te ha recordado?
- ¿Qué te ha enseñado?

7 Me alegra vivir en familia

Un matrimonio cristiano ejemplar

Carlos y Carmen son un matrimonio cristiano. Por el gran amor que se tienen y su fe en Jesús, se casaron por la Iglesia para formar una familia cristiana.

Carlos y Carmen tuvieron dos hijos: Miguel y Nuria. También apadrinaron a una niña sin familia de un país de África. Gracias a este apadrinamiento, la niña salvó su vida y terminó sus estudios. Un día, los cuatro visitaron un orfanato y se quedaron impresionados cuando una niña se abrazó a Carmen y, tartamudeando, la llamó «mamá». Era Mila, una niña de seis años que tenía problemas.

Al regresar a su casa, Carmen y Carlos preguntaron a sus hijos:

—¿Os gustaría que Mila fuera vuestra hermana? Antes de contestar, debéis tener en cuenta que, si la adoptamos, todos tendremos que hacer un gran esfuerzo para ayudarla.

—No importa. A mí me gustaría mucho —contestó Miguel.

—Yo también quiero —dijo Nuria.

La familia adoptó a Mila. Esta, al principio, estaba triste, no hablaba bien y no la entendían, no sabía comer sola… Pero gracias a la paciencia y al gran amor que le mostraron, fue superando poco a poco sus problemas.

Con el tiempo, Mila se ha convertido en una niña feliz, que sonríe, habla mejor y come sin ayuda. Ayer, durante la bendición de la mesa, dijo estas palabras:

—Gracias, Jesús, por regalarme esta familia. Gracias, Carlos y Carmen, por ser mi papá y mi mamá. Gracias, Nuria y Miguel, por ser mis hermanos. Gracias por todo vuestro amor.

Al escucharla, todos se emocionaron y la abrazaron.

Comento y reflexiono

1 ¿Por qué se casaron Carmen y Carlos por la Iglesia?

2 ¿Qué ejemplos de amor aparecen en la historia?

3 ¿Cómo crees que se siente Mila en cada dibujo?

4 ¿Qué te enseña esta historia sobre el matrimonio cristiano?

5 ¿Qué conoces sobre el sacramento del Matrimonio?

La Biblia El milagro de la boda de Caná (Jn 2, 1-11)

Jesús realizó su primer milagro en una boda en Caná, que se narra en el **Evangelio de San Juan.**

Los primeros cristianos interpretaron este milagro como un símbolo de la unión que existe entre Dios y los nuevos esposos.

1 Jesús de Nazaret, después de ser bautizado por Juan el Bautista, asistió a una boda en Caná, de Galilea, junto con su madre, María, y sus discípulos.

Durante el banquete se terminó el vino. María se dio cuenta y se lo dijo a Jesús.

2 Jesús respondió a su madre que no podía ayudarlos porque aún no había llegado su momento.

Pero María sabía que sí estaba preparado para anunciar el mensaje de Dios, y dijo a los sirvientes que hicieran todo lo que Jesús les pidiera.

3 Jesús pidió a los sirvientes que llenaran de agua seis tinajas de piedra, de unos ochenta o cien litros cada una. Una vez llenas, les dijo:

—Ahora sacad un poco de una de ellas y dádselo a probar al encargado de organizar el banquete.

4 Los sirvientes así lo hicieron.

El encargado probó el vino nuevo sin saber su procedencia y quedó sorprendido por su calidad. Entonces, llamó al novio y lo felicitó por haber reservado el mejor vino para el final del banquete.

5 Con este primer milagro, Jesús expresó que era el Hijo de Dios, y los discípulos creyeron en Él.

Después, comenzó a realizar su misión enseñando el mensaje de salvación de su Padre Dios.

¿QUÉ NOS ENSEÑA LA BIBLIA?

Este milagro nos enseña que Jesús es el Hijo de Dios, que ama a los esposos y les ayuda a superar los problemas.

Busca en el mapa

Localiza Caná y Galilea en el mapa de la página 109.

ACTIVIDADES

1 En pareja, copiad y completad la ficha del relato en vuestro cuaderno.

a) Título: ...

b) Evangelio donde está escrito: ...

c) Personajes principales: ...

d) Personajes secundarios: ...

e) Resumen de la historia: ...

2 Escribe una frase que exprese lo más importante que hace cada personaje del relato.

3 ¿Qué te ha enseñado este relato sobre el sacramento del Matrimonio?

4 Imagínate que eres el novio o la novia del relato:

¿Qué le dirías a Jesús para agradecerle su ayuda?

5 Lee y contesta en tu cuaderno.

«Todavía no ha llegado mi hora» (Evangelio de San Juan 2, 4).

¿Qué crees que quiere decir Jesús con estas palabras?

6 Dibuja una tinaja y escribe en su interior el sentimiento que te produce este milagro de Jesús.

LA BIBLIA Y EL ARTE

La boda de Caná

1 Lee y contesta en tu cuaderno.

«Faltó el vino, y la madre de Jesús le dice: "No tienen vino". Jesús le dice: "Mujer, ¿qué tengo yo que ver contigo? Todavía no ha llegado mi hora". Su madre dice a los sirvientes: "Haced lo que él os diga"» (Evangelio de San Juan 2, 3-4).

a) ¿Qué le dice María a Jesús?

b) ¿Qué le dice Jesús?

2 Escribe en tu cuaderno el número y el nombre correspondiente.

los novios – los invitados – Jesús – María – los criados

Fe y arte

En esta escena los verdaderos protagonistas son los cántaros, colocados en primer plano. A la izquierda, aparece Jesús en el momento de realizar el milagro, acompañado por su madre, la Virgen María. A la derecha, los sirvientes se disponen a echar agua en los cántaros.

3 Completa en tu cuaderno.

Jesús – esposos – matrimonio

Los novios representan a los ________ que invitan a ______ para que esté presente en su ____________.

4 Ordena y escribe en tu cuaderno.

/ el mensaje y el / La conversión del agua /
/ poder de Jesucristo. / en vino representa /

5 Describe el cuadro a un compañero o compañera y di lo que más te gusta de él.

VALORES HUMANOS Y CRISTIANOS

Apadrinar

El valor de apadrinar consiste en colaborar en los gastos de educación, manutención, ropa, etc., de un niño o de una niña necesitados.

Muchas instituciones solidarias de la Iglesia católica facilitan el apadrinamiento de niños y niñas en todo el mundo.

1 Completa escribiendo en tu cuaderno el número y la palabra correspondiente del dibujo.

familia – dinero – alimentación – año

Apadrinar a un niño consiste en aportar un ①… al mes o al ②… para pagar su educación, su ③… y su ropa. Pueden ser padrinos una persona, una ④…, una clase o un colegio.

2 En pareja, consultad en Internet las siguientes páginas web y contestad a las preguntas.

3 Sigue los pasos y apadrina con tus compañeros y compañeras de clase o del colegio a un niño o a una niña durante un año.

a) Hablad sobre ello y comunicádselo a vuestro profesor o vuestra profesora.

b) Buscad información en las páginas web anteriores.

REPASO DE LA UNIDAD

RESUMO LO MÁS IMPORTANTE

1 Completa y copia la frase en tu cuaderno.

Jesús – unión – vivir – amor

En el sacramento del Matrimonio, ______ santifica la ______ del hombre y la mujer para ______ en el ______.

COMPRUEBO LO APRENDIDO

1 Completa escribiendo en tu cuaderno el número y la palabra correspondiente. Después, comprueba tus respuestas en la sopa de letras.

1. Los sacramentos son celebraciones festivas y comunitarias de la …
2. El sacramento del Matrimonio es un sacramento de …
3. El sacramento del Matrimonio se celebra ante la presencia de … y de la Iglesia.
4. Los bautizados que se unen en matrimonio se comprometen a formar una … donde se viva con amor.
5. En un rito del sacramento del Matrimonio, los novios se entregan los …
6. Jesús realizó su primer milagro en una boda en …
7. En el primer milagro de …, María le pidió que ayudara a los novios.
8. El valor de … consiste en colaborar en los gastos de los niños necesitados.

F	R	I	G	L	E	S	I	A	B	T	C	O	Z	D
T	U	C	P	Z	X	O	J	F	C	R	M	D	V	I
O	F	A	M	I	L	I	A	B	A	U	P	T	E	O
Z	K	B	G	R	V	U	C	A	N	I	L	L	O	S
U	S	E	R	V	I	C	I	O	A	F	G	B	R	C
A	P	A	D	R	I	N	A	R	Z	J	E	S	U	S

APRENDO MÁS

El verdadero amor cristiano

San Pablo describió el verdadero amor cristiano en su Primera Carta a los Corintios del Nuevo Testamento.

1 Lee. Después, en grupo, elegid cada uno una frase y recitadla en orden a la clase.

PRIMERA CARTA A LOS CORINTIOS 13, 4-8

«El amor es paciente, es benigno;
el amor no tiene envidia,
no presume, no se engríe;
no es indecoroso ni egoísta;
no se irrita;
no lleva cuentas del mal;
no se alegra de la injusticia,
sino que goza con la verdad.

Todo lo excusa, todo lo cree,
todo lo espera, todo lo soporta.

El amor no pasa nunca».

2 Completa las frases en tu cuaderno con dos ejemplos.

a) El amor es… Y no… Y todo lo…

b) Las cualidades que más me han gustado sobre el verdadero amor son…

3 ¿Qué otra cualidad del amor destacarías tú?

CUENTO MI EXPERIENCIA

1 En pareja, busca y elige en Internet una frase de verdadero amor.

a) Entra en la web: http://www.pensamientos.org.

b) Haz clic en los apartados «Amor» y «Amor de Dios».

c) Lee las frases y selecciona una.

d) Escribe la frase elegida en forma de rótulo y decórala. Fíjate en el ejemplo.

e) Realiza con tu clase una exposición con todas las frases.

«Amar al prójimo debe ser tan natural como vivir y respirar». (Beata Madre Teresa de Calcuta)

8 Servimos a la Iglesia

San Francisco Javier

Francisco Javier nació en el Castillo de Javier (Navarra) en 1506. Su padre era cristiano y consejero del rey de Navarra.

Desde pequeño, disfrutó de muchas riquezas. Pero no era feliz porque sentía la necesidad de realizar una misión importante en su vida.

En la universidad, conoció a San Ignacio de Loyola, el fundador de los jesuitas.

Después de terminar sus estudios, enseñó en la universidad. Hasta que un día descubrió que Dios le llamaba para dedicar su vida a ser misionero y testigo de Jesucristo.

Francisco Javier repartió sus riquezas, dejó la universidad, se ordenó sacerdote y se dedicó a curar a enfermos abandonados. Después, fue enviado a las misiones.

Descubro palabras

Los jesuitas son una orden religiosa cuya misión es extender la Iglesia por todo el mundo.

Francisco Javier viajó a la India y al Japón. En estos países realizó una gran labor misionera. Enseñó el Evangelio, celebró bautizos y eucaristías, consiguió que los esclavos no fueran maltratados, recogió pobres y niños abandonados…

Este gran misionero vivió como un pobre entre los pobres. Dormía en el suelo y se alimentaba de agua y arroz.

En once años, recorrió más de 100 000 km enseñando el mensaje de Jesús. Murió en China en 1552.

La Iglesia lo proclamó santo y patrono de las misiones y de la India. Su fiesta se celebra el 3 de diciembre y se llama «el día de la vocación misionera».

Comento y reflexiono

1 ¿Qué labores misioneras realizó San Francisco Javier?

2 ¿Qué te ha gustado más de esta historia? ¿Por qué?

3 Imagina que eres el niño del dibujo al que está bautizando San Francisco Javier. ¿Qué le dirías?

4 ¿Conoces a alguien que haya dedicado o dedique su vida a enseñar el mensaje de Jesús?

5 ¿Qué conoces sobre los sacramentos de la Confirmación y del Orden?

La Confirmación y el Orden Sacerdotal

El sacramento de la Confirmación forma parte de los sacramentos de la iniciación cristiana: el Bautismo, la Eucaristía y la Confirmación.

El Orden Sacerdotal y el Matrimonio pertenecen a los sacramentos de servicio, llamados así porque llaman y preparan a los cristianos para la misión de la Iglesia.

El sacramento de la Confirmación

La **Confirmación** es un sacramento de iniciación cristiana. El bautizado que lo celebra recibe el Espíritu Santo y sus dones o regalos.

La Confirmación fortalece y ayuda al bautizado a ser mejor cristiano y a ser misionero de Jesús en su vida diaria: en la Iglesia, en la familia, en el colegio, con los amigos...

La liturgia del sacramento de la Confirmación

Los principales ritos o momentos más importantes de la celebración de la Confirmación son tres:

- El bautizado que se va a confirmar expresa en voz alta su fe cristiana.
- El obispo impone las manos sobre el bautizado que se confirma y pide la venida del Espíritu Santo sobre él.
- El obispo realiza la señal de la cruz con el crisma o santo óleo sobre la frente del confirmando, mientras pronuncia la fórmula ritual de este sacramento: «Recibe por esta señal el don del Espíritu Santo». Esta es la parte más importante de la Confirmación.

Recuerda

Los sacramentos son celebraciones festivas y comunitarias de la Iglesia. En ellos, Cristo actúa especialmente y perpetúa sus actos salvadores en la Iglesia.

Descubro palabras

Imponer las manos es extenderlas sobre la cabeza.

El crisma o santo óleo es aceite perfumado, consagrado por el obispo, que simboliza la fuerza del Espíritu Santo.

Trabajo con la imagen

¿Qué rito del sacramento de la Confirmación aparece en esta fotografía?

El sacramento del Orden Sacerdotal

El **Orden** es un sacramento de servicio por el cual el bautizado recibe la fuerza del Espíritu Santo para dedicar su vida al servicio de la Iglesia como diácono, presbítero u obispo.

El cristiano ordenado como **obispo** o como **presbítero** se compromete a cumplir la misión de enseñar el mensaje de Jesús, celebrar los sacramentos y gobernar a la comunidad cristiana.

El cristiano ordenado como **diácono** tiene la misión de colaborar, sobre todo en la atención a los pobres, pero también en las tareas que le encarguen el obispo o el sacerdote.

Recuerda

Con el término **sacerdote** se designa tanto a los obispos como a los presbíteros. En el lenguaje común, la palabra sacerdote se refiere principalmente al presbítero.

La liturgia del sacramento del Orden Sacerdotal

Los principales ritos o momentos de la celebración del sacramento del Orden son:

- La imposición de manos sobre la cabeza del bautizado que se ordena.
- El rezo de una oración de consagración a Dios, mientras el bautizado que se ordena permanece tendido en el suelo.
- La entrega de una patena y de un cáliz, que simbolizan su misión.

Trabajo con la imagen

¿A qué rito de la celebración del sacramento del Orden pertenece la fotografía A? ¿Y el de la B? Descríbelos.

ACTIVIDADES

1 Anota en tu cuaderno la aportación de los sacramentos de la Confirmación y del Orden a la misión de la Iglesia.

2 Escribe en tu cuaderno las definiciones de:

- Sacramento de la Confirmación.
- Sacramento del Orden Sacerdotal.

3 Contesta en tu cuaderno.

a) ¿Cuáles son los principales ritos del sacramento de la Confirmación?

b) ¿A qué ayuda el sacramento de la Confirmación al bautizado?

c) ¿A qué se compromete el cristiano ordenado?

La Biblia

Pentecostés (Hch 2, 1- 17)

Vas a leer un relato que narra la venida del Espíritu Santo a los apóstoles el día de Pentecostés. Este hecho representa el comienzo de la Iglesia. Se narra en los **Hechos de los Apóstoles 2, 1-17.**

Los cristianos recordamos Pentecostés con una fiesta que celebramos cincuenta días después de la Pascua o resurrección de Jesucristo.

1 Jesús resucitado se apareció a sus discípulos y les llenó de fe, esperanza, paz y alegría. También les pidió que permanecieran en Jerusalén hasta recibir el Espíritu Santo, que les daría la fuerza para anunciar el Evangelio por todo el mundo.

2 Al cumplirse el día de Pentecostés, los apóstoles, la Virgen María y algunas mujeres estaban juntos.

De repente, se produjo desde el cielo un estruendo, un viento que soplaba fuertemente, y llenó toda la casa.

3 Vieron aparecer unas lenguas, como llamaradas, que se dividían posándose encima de cada uno de ellos.

Todos se llenaron del Espíritu Santo y empezaron a hablar en otras lenguas según el Espíritu Santo les concedía.

4 Al oír tanto ruido, acudieron a la casa judíos que residían en Jerusalén de todos los pueblos del mundo. Y se quedaron desconcertados al oír hablar a los apóstoles en sus lenguas nativas.

5 Entonces Pedro explicó a todos los vecinos de Jerusalén, que se cumplía lo que había dicho el profeta Joel:

«En los últimos días, dice Dios que derramaré mi Espíritu sobre toda carne y vuestros hijos e hijas profetizarán».

¿QUÉ NOS ENSEÑA LA BIBLIA?

Este relato nos enseña que la persona que recibe al Espíritu Santo cambia de vida y fortalece su fe. También nos enseña que el Espíritu Santo ayuda a la persona a seguir a Jesús y a convertirse en su testigo.

Busca en el mapa

Localiza Jerusalén en el mapa de la página 109.

ACTIVIDADES

1 Completa en tu cuaderno.

a) Los apóstoles recibieron al Espíritu Santo el día de…

b) El libro de la Biblia en que se narra este acontecimiento es…

c) Los símbolos con los que la Biblia representa al Espíritu Santo son…

d) Los apóstoles, al llenarse del Espíritu Santo, comenzaron a…

2 Anota en tu cuaderno qué le sucede a la persona que recibe al Espíritu Santo.

3 ¿Qué relación encuentras entre el día de Pentecostés y el día en que un cristiano celebra el sacramento de la Confirmación?

4 En pareja, realizad un cartel:

a) Investigad la fecha en que se celebra este año Pentecostés.

b) Escribid en letras grandes de colores «Fiesta de Pentecostés» y la fecha.

c) Decoradlo con los símbolos del Espíritu Santo.

LA BIBLIA Y EL ARTE

Pentecostés

1 Ordena las palabras subrayadas y escríbelas en tu cuaderno. Luego, contesta.

«Al cumplirse el día de ① te-cos-Pen-tés, estaban todos juntos en el mismo lugar. De repente, se produjo desde el cielo un estruendo, como de ② to-vien que soplaba fuertemente. Vieron aparecer unas ③ guas-len como ④ ma-das-lla-ra, que se dividían, posándose encima de cada uno de ellos. Se llenaron todos del ⑤ ri-tu-Es-pí to-San» (Hechos de los Apóstoles 2, 1- 4).

a) ¿Qué día recibieron los discípulos de Jesús el Espíritu Santo?

b) ¿Qué oyeron y qué vieron posarse sobre sus cabezas?

2 Observa y completa en tu cuaderno.

En el cuadro aparecen la Virgen ______ , los doce ______-______ y otros discípulos.

3 Contesta en tu cuaderno.

a) ¿Con qué símbolos aparece representado el Espíritu Santo en esta pintura?

b) ¿Cómo crees que se sienten los personajes?

c) ¿Qué te gusta más? ¿Por qué?

4 Cada símbolo del Espíritu Santo representa un regalo que nos hace. Completa en tu cuaderno:

fuego – viento – paloma

a) La ..... representa la paz.

b) Las lenguas de ..... simbolizan la luz que nos ilumina.

c) El ..... representa la fuerza.

Fe y arte

Fíjate en los dos planos de esta pintura: el cielo y la tierra.

En el cielo: la paloma, símbolo del Espíritu Santo, rodeada por una luminosidad que representa a Dios.

En la tierra: los discípulos y la Virgen María. El Espíritu Santo se posa sobre ellos en forma de lenguas de fuego.

VALORES HUMANOS Y CRISTIANOS

Evangelizar

El valor de evangelizar consiste en enseñar el mensaje de Jesús de los cuatro Evangelios, principalmente a quienes no lo conocen. Todo cristiano debe evangelizar en su vida diaria.

1 Lee y contesta en tu cuaderno.

«Pedid también por mí, para que cuando abra la boca, se me conceda el don de la palabra, y anuncie con valentía el misterio del Evangelio» (Carta a los Efesios 6, 19).

a) ¿Qué pide San Pablo para ser un buen evangelizador?

2 Sigue los pasos y participa en un cine-fórum:

a) Lee la ficha técnica de la película.

Título: *San Francisco Javier y el tesoro perdido del samurái.*
Tema: La vida de San Francisco Javier.
Mensaje: La evangelización de San Francisco Javier en la India.

b) Ve la película en silencio e imagina que eres San Francisco Javier.

c) Contesta a las preguntas en tu cuaderno.

- ¿Qué escena te ha llamado más la atención? ¿Por qué?
- ¿Qué frase te ha gustado más? ¿Por qué?
- ¿Qué comportamiento te parece más importante? ¿Por qué?
- ¿En qué cambia la vida de San Francisco Javier cuando decide ser misionero?
- ¿Qué te ha enseñado esta película sobre el valor de evangelizar?

d) Participa en un debate con tus respuestas.

acción

REPASO DE LA UNIDAD

RESUMO LO MÁS IMPORTANTE

1 Completa en tu cuaderno escribiendo el número y la palabra correspondiente.

Iglesia – mundo – servicio – propagar – misión

Los sacramentos de la Confirmación y del Orden son sacramentos al ① __________ de la ② ________ de la ③ ________. Ayudan a crecer y a ④ __________ el Pueblo de Dios por el ⑤ ______.

COMPRUEBO LO APRENDIDO

1 Escribe en tu cuaderno el número de la frase y la respuesta correcta.

1. El Orden Sacerdotal es un sacramento de…

   a) iniciación   b) servicio   c) curación

2. Los sacramentos de la Confirmación y del Orden hacen crecer y propagar el Pueblo de…

   a) Dios   b) Belén   c) Israel

3. El bautizado es ordenado sacerdote en el sacramento de…

   a) la Unción   b) la Confirmación   c) el Orden

4. En el rito del sacramento del Orden se entregan una patena y…

   a) un cáliz   b) una tiara   c) una vela

5. La Confirmación es un sacramento de…

   a) iniciación   b) servicio   c) curación

6. En el rito de la Confirmación, el obispo realiza la señal de la…

   a) paz   b) vida   c) cruz

7. El relato de Pentecostés se narra en el libro de los Hechos de los…

   a) Profetas   b) Reyes   c) Apóstoles

8. Un valor humano y cristiano relacionado con enseñar el mensaje de Jesús en la vida diaria es…

   a) evangelizar   b) revelar   c) adoctrinar

APRENDO MÁS

Los frutos del Espíritu Santo

1 Lee y contesta en tu cuaderno.

El Espíritu Santo ayuda a los cristianos a conocer a Jesús y nos da fuerzas para seguirlo, para ser sus testigos y para dar sus frutos si desarrollamos las perfecciones que forma en nosotros el Espíritu Santo.

«El fruto del Espíritu es: amor, alegría, paz, paciencia, afabilidad, bondad, lealtad, modestia, dominio de sí» (Gálatas 5, 22-23).

a) ¿A qué ayuda el Espíritu Santo?

b) ¿Qué ocurre si desarrollamos sus perfecciones?

c) ¿Cuáles son los frutos del Espíritu Santo?

2 Ordena las palabras subrayadas y completa en tu cuaderno cómo desarrollar cada fruto.

a) Para desarrollar la debo ser educado.

b) Para desarrollar la debo ser fiel y sincero.

c) Para desarrollar la debo ser humilde y sencillo.

d) Para desarrollar el de mí mismo debo controlar mi mal genio y ser tolerante.

CUENTO MI EXPERIENCIA

1 Descubre los dones del Espíritu Santo (inteligencia, consejo, fortaleza, sabiduría, ciencia, piedad y temor de Dios) y en qué consiste cada uno, participando en el juego de la web: www.ecatolico.con/software/conespiritu.htm

2 Piensa en una situación en la que has desarrollado un fruto del Espíritu Santo. Luego, dialoga con tus compañeros y compañeras.

¿Qué fruto desarrollaste? ¿Cómo? ¿Con quién? ¿Cómo te sentiste?

9 Jesús, gracias por tu resurrección

La última hoja

Marie era una niña de once años que vivía en París. Un invierno hizo mucho frío y enfermó. El médico le recomendó que permaneciera en la cama.

Para que Marie estuviera distraída viendo pasar a la gente, su madre puso la cama junto a la ventana. Hasta la ventana llegaba una enredadera.

Pasaban los días, y Marie veía cómo las hojas de la enredadera se secaban y se caían. Una noche le dijo a su madre:

—Me siento enferma como la enredadera. Espero que le quede alguna hoja y no muera.

Un día, la madre vio a Marie mirar con mucho interés a un joven artista que pintaba en la calle.

La madre le pidió que enseñara a pintar a su hija. El pintor fue por las tardes y se hicieron amigos. Ella le contaba que se sentía débil y triste, como la enredadera. Un día, él le dijo:

—Tengo que marcharme. Confía en Dios y te pondrás bien.

Marie siguió pintando y rezaba a Dios para que protegiera a la enredadera, pero sus hojas seguían cayendo. Una mañana, dijo a su madre:

—A pesar de la nieve, la lluvia y el viento, a la enredadera le queda una hoja. ¡Sigue viva! Cuando la miro, siento que debo ser fuerte como ella.

Llegó la primavera, y Marie se curó. Entonces, se asomó a la ventana y se llevó una gran sorpresa: la última hoja de la enredadera era una hoja que su amigo había pintado en la pared.

Después llegó una carta del pintor que decía: «Querida Marie: Recuerda que la esperanza y la fe en Dios nos ayudan a seguir viviendo. Nos dan fuerzas para cuidar nuestro cuerpo y mejorar nuestra salud».

(Adaptado de: www.ciudadseva.com/textos/cuentos/ing/henry/ultimaho).

Comento y reflexiono

1 ¿Qué le ocurrió a Marie cuando estuvo enferma?

2 ¿Qué te gusta más de esta historia? ¿Por qué?

3 Observa los dibujos y di qué hizo el pintor para ayudar a Marie.

4 ¿Qué buenas enseñanzas has descubierto en esta historia?

5 ¿Qué sabes sobre la Pascua cristiana?

La resurrección y la Pascua cristiana

La resurrección de Jesucristo

Dios Padre resucitó a su Hijo Jesucristo al tercer día de su muerte. Así lo profesamos los cristianos en el Credo: «Resucitó al tercer día según las Escrituras».

La resurrección de Jesús es la mayor revelación del amor que Dios siente por las personas y el mayor acontecimiento para su salvación: vivir para siempre en completa felicidad con Dios en el cielo.

La Pascua cristiana

La Pascua cristiana es la celebración de la resurrección de Jesús. La Iglesia recuerda y celebra la resurrección de Jesucristo cada **domingo en la Eucaristía** y en el **Tiempo Pascual.**

El **Tiempo Pascual** es uno de los siete tiempos en que se divide el año litúrgico o calendario de la Iglesia. Este tiempo dura cincuenta días. Comienza el Domingo de Resurrección y termina el Domingo de Pentecostés. El día más importante de este tiempo es el **Domingo de Resurrección,** llamado también **Domingo de Pascua o el día de la Pascua cristiana.**

La celebración principal del Domingo de Pascua es la **vigilia Pascual.** Se celebra durante la noche del sábado al Domingo de Resurrección. En esta vigilia, la Iglesia celebra la resurrección de Jesucristo y la esperanza de vivir eternamente con Dios.

Recuerda

El año litúrgico o calendario de la Iglesia se divide en seis tiempos litúrgicos: Adviento, Navidad, primer período de Tiempo Ordinario, Cuaresma, Semana Santa, Tiempo Pascual y segundo período de Tiempo Ordinario.

El Tiempo Ordinario es un solo tiempo litúrgico, dividido en dos períodos.

Trabajo con la imagen

En la celebración de la vigilia Pascual se enciende una hoguera (A) y el cirio Pascual (B). Este cirio simboliza a Jesucristo resucitado y vivo para siempre.

Los frutos de la Pascua

La Pascua nos invita a vivir el camino de la resurrección. Un camino para ser testigo de la resurrección de Jesucristo y de compromiso con los demás. En este camino, los cristianos podemos practicar los frutos que Jesús nos regala con su resurrección:

- La **alegría** es el principal fruto de la resurrección. La Pascua nos descubre la vida eterna que Dios, por su gran amor, nos regala, y esto nos hace felices.
- La **paz,** que nos ayuda a lograr una convivencia pacífica.
- El **amor,** que debemos practicar con los demás para entrar en el cielo.
- La **esperanza** de saber que resucitaremos algún día como Jesús. Por ello, la Pascua nos pide confiar y esperar en Dios.
- El **perdón,** que nos invita a la reconciliación.
- La **valentía,** que nos ayuda a seguir con la misión de la Iglesia.
- La **fe** en Jesucristo, que nos ayuda a expresarla públicamente.

Los asistentes a la celebración de la vigilia Pascual encienden una pequeña vela. Su luz representa la resurrección de cada cristiano.

ACTIVIDADES

1 Escribe en tu cuaderno qué profesamos los cristianos en el Credo sobre la resurrección de Jesús.

2 Completa en tu cuaderno.

En el Tiempo Pascual se recuerda y celebra …; dura …; comienza el … y termina el …

3 ¿Cuáles son los frutos de la Pascua? ¿A qué ayuda cada uno al cristiano?

4 Dibuja un cirio Pascual y escribe en su interior dos frutos de la Pascua. Regálaselo a un compañero o compañera que te ha ayudado a pasar de la tristeza a la alegría.

5 En pareja, buscad en una Biblia impresa u online la cita Apocalipsis 22, 13, y contestad:

a) ¿Qué letras del abecedario griego aparecen impresas en el cirio Pascual?

b) ¿Qué significan?

La Biblia Los discípulos de Emaús (Lc 24, 13-15)

Vas a leer un relato que se narra en el **Evangelio de San Lucas 24, 13-35.** Trata sobre la aparición de Jesús resucitado a dos discípulos de Emaús.

Al iniciar el camino de regreso de Jerusalén a Emaús, los dos discípulos estaban tristes porque Jesús había muerto. Pero cuando se dieron cuenta de que se habían encontrado con Jesús resucitado, se llenaron de alegría y de fe.

1 Jesús murió y fue enterrado. Días después, unas mujeres de su grupo fueron al sepulcro, pero estaba vacío. Dos ángeles les dijeron que Jesús había resucitado.

Las mujeres lo contaron a los demás discípulos, pero no les creyeron.

2 Después de estos hechos, dos discípulos que vivían en Emaús, abandonaron Jerusalén y tomaron el camino de regreso a su ciudad.

Los dos iban andando muy tristes porque creían que no volverían a ver nunca más a Jesús.

3 Por el camino, Jesucristo resucitado se unió a ellos. Sin embargo, no lo reconocieron. Iban hablando de la muerte de Jesús, y este les dijo:

—¿No era necesario que el Mesías padeciera y entrara así en su gloria?

Pero no le comprendieron.

4 Cuando llegaron a Emaús, Jesús les dijo que Él continuaba el camino porque iba a otra ciudad más lejana.

Pero, como ya era de noche, los dos discípulos le insistieron para que se quedara y cenara con ellos. Jesús aceptó.

5 Cuando estaban a la mesa, Jesús tomó el pan, lo bendijo, lo partió y se lo dio. En ese momento, los discípulos reconocieron a Jesucristo. Llenos de alegría, volvieron a Jerusalén y contaron que Jesús había resucitado.

¿QUÉ NOS ENSEÑA LA BIBLIA?

Este relato nos enseña que la certeza de la resurrección produce un cambio en las personas: alegría, paz…, y comienzan a dar testimonio de su resurrección. También enseña que Cristo resucitado está presente en la Eucaristía, nos acompaña en nuestra vida diaria y nos da fuerzas para practicar su mensaje.

Busca en el mapa

Localiza Emaús y Jerusalén en el mapa de la página 109.

ACTIVIDADES

1 Ordena los hechos según ocurrieron y escribe en tu cuaderno el número y la letra; por ejemplo: 1-d.

a) Jesús se quedó a cenar con los discípulos en Emaús.

b) Jesús se puso a caminar con ellos, pero no lo reconocieron.

c) En la cena, los dos discípulos reconocieron a Jesucristo.

d) Dos discípulos caminaban de Jerusalén a Emaús.

2 ¿Qué cambio se produce en la persona que se encuentra con Jesús resucitado?

3 Lee en una Biblia la cita Hechos de los Apóstoles 2, 46, y contesta en tu cuaderno:

a) ¿Qué hacían los primeros cristianos después de la resurrección de Jesús?

b) ¿Qué fruto de la Pascua practicaban?

4 Escribe una frase que exprese la alegría y la paz que sintieron los apóstoles al encontrarse con Jesús resucitado.

LA BIBLIA Y EL ARTE

El cielo y la vida eterna

1 Lee y contesta en tu cuaderno.

Los pintores han representado **la verdad de fe cristiana del cielo** como un lugar más allá de las nubes. Pero el cielo representado en sus pinturas no hay que interpretarlo como un lugar físico, sino como un símbolo de esta verdad de fe.

¿Cómo hay que interpretar el cielo representado en las pinturas?

2 Descifra y escribe en tu cuaderno una enseñanza sobre el cielo.

«El "cielo", o la "♡" en la que nos encontraremos, no es una abstracción, ni tampoco un ☆ físico entre las ☁, sino una relación 🕯 y ✿ con la Santísima 🕊 » [Papa San Juan Pablo II (1920-2005)].

3 Observa la pintura y escribe en tu cuaderno el número y el nombre correspondiente. Por ejemplo: 1 – doce apóstoles.

Espíritu Santo – Dios Padre – Virgen María – doce apóstoles
Moisés – rey David – Jesucristo

Fe y arte

En esta obra, la Santísima Trinidad aparece en el centro dentro de un círculo, símbolo de la eternidad.

4 Realiza un dibujo sobre el cielo. Después, escribe un título y explica tu representación a la clase.

VALORES HUMANOS Y CRISTIANOS

La salud

El valor de la salud consiste en cuidar el propio cuerpo y el de los demás para que estén sanos. Dos formas de mantener la salud son la relajación y el deporte.

Los cristianos debemos cuidar nuestro cuerpo y dar gracias a Jesucristo por estar sanos.

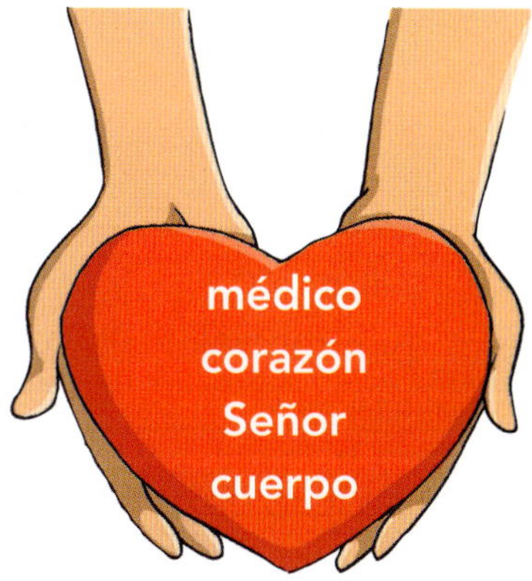

1 Completa en tu cuaderno. Luego, contesta a las preguntas.

«No hay mejor riqueza que la salud del ① ________, ni mayor felicidad que la alegría del ② _________. (...)

Honra al ③ ________ por los servicios que presta, que también a él lo creó el ④ _______» (Eclesiástico 30, 16 y 38, 1).

a) ¿Cuál es la mayor riqueza de la persona? ¿Y la mayor felicidad?

b) ¿A quién debemos mostrar respeto y consideración? ¿Por qué?

2 Recuerda cuando estuviste enfermo y cuenta tu experiencia a tus compañeros:

a) ¿Cómo te sentías?

b) ¿Quién te cuidó?

c) ¿Le rezaste a Jesús? ¿Qué le dijiste?

d) ¿Le diste las gracias cuando te curaste?

3 Realiza un *collage* para expresar tu agradecimiento a la persona que te ayudó a curarte (el médico, un familiar...).

a) Busca fotografías relacionadas con la salud y pégalas en una cartulina.

b) Escribe una frase de agradecimiento y regálasela.

REPASO DE LA UNIDAD

RESUMO LO MÁS IMPORTANTE

1 Completa eligiendo la palabra correcta.

1	2	3	4
ordinario litúrgico penitencial	ayunamos peregrinamos celebramos	pasión resurrección transfiguración	Lázaro Pedro Jesús

La Pascua es el tiempo ①... en el que los cristianos ②... la ③... de ④... .

COMPRUEBO LO APRENDIDO

1 Resuelve escribiendo en tu cuaderno el número y la palabra correspondiente.

						1	P						
					2		A						
3							S						
						4	C						
				5			U						
						6	A						

1. Vigilia que se celebra el Domingo de Pascua.
2. Valor que consiste en cuidar el cuerpo para estar sano.
3. Sacramento que recuerda la resurrección de Jesús.
4. Oración en la que los cristianos profesamos la resurrección de Jesús.
5. Ciudad a la que regresaban dos discípulos y que por el camino se les apareció Jesucristo resucitado.
6. Principal fruto de la Pascua.

APRENDO MÁS

El sacramento de la Unción de Enfermos

1 Lee y anota en tu cuaderno a qué ayuda el sacramento de la Unción.

La Unción de Enfermos es uno de los siete sacramentos de la Iglesia católica. Tiene su origen en las curaciones de Jesús.

El enfermo que celebra la Unción recibe la gracia del Espíritu Santo para librarle de sus pecados, ayudarle a encontrarse con Dios, confortarlo en la enfermedad y concederle la salvación y la vida eterna.

En el rito de este sacramento, el sacerdote unge con óleo (aceite consagrado) la frente y las manos del enfermo.

A

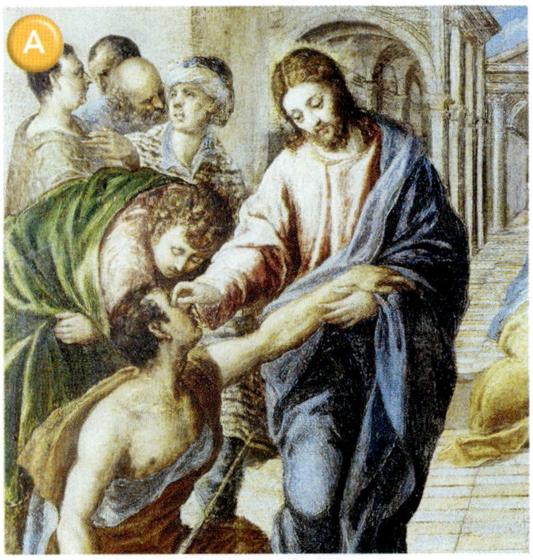

B

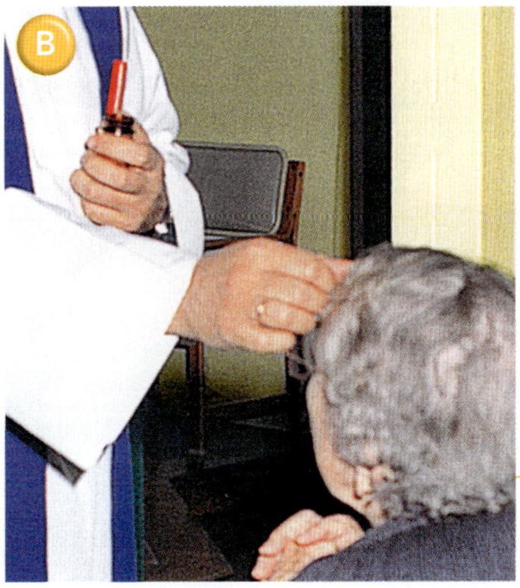

TRABAJO CON LA IMAGEN

Observa las imágenes, descríbelas y di en qué se parecen.

CUENTO MI EXPERIENCIA

1 En pareja, entrad en la web de la Orden Hospitalaria de San Juan de Dios: http://www.sanjuandedios.es/ y seguid estos pasos:

a) Pinchad en el apartado «Vídeo», miradlo y contestad:

- ¿Quién era San Juan de Dios?
- ¿A qué se dedica la Orden Hospitalaria de San Juan?

b) Pinchad en el apartado «Revista». Entrad en el último número y elegid la fotografía y la sección que más os guste.

c) Presentad a la clase los resultados de vuestra investigación.

Revista *San Juan de Dios.*

Aprendo cooperando

Investigo los sacramentos en la Biblia

En la Biblia, principalmente en el Nuevo Testamento, se narran los orígenes y los gestos de los siete sacramentos de la Iglesia católica.

Antes de empezar, recordad cómo se localiza una cita en la Biblia consultando la página 109.

WWW **1** En pareja, buscad las citas en una Biblia impresa u online (http://www.vatican.va/archive/ESL0506/_INDEX.HTM) y contestad a las preguntas en el cuaderno.

a) Mt 28, 19: ¿qué sacramento pide Jesús que se celebre?

b) Lc 22, 19-20: ¿qué sacramento instituye Jesús en la Útima Cena?

c) Jn 20, 23: ¿con qué sacramento tienen relación las palabras de Jesús?

d) Lc 13, 12-13: ¿a qué sacramento recuerda este gesto de Jesús?

e) Hech 21, 18: ¿con qué sacramento tiene relación esta cita?

f) Hech 8, 14-17: ¿qué dos sacramentos se indican?

g) 1 Cor 11, 23-29: ¿qué sacramento pide Jesús que se haga en memoria suya?

h) Sant 5, 14-15: ¿qué sacramento celebraban los primeros cristianos?

i) Hech 15, 4: ¿con qué sacramento tienen relación los presbíteros o sacerdotes?

j) 1 Jn 1, 8-9: ¿con qué sacramento tiene relación esta cita?

Puntuación

Intercambiad con otra pareja vuestras respuestas para calificarlas, asignando **1 punto** a cada respuesta correcta.

Dialogo en grupo

- ¿Habéis trabajado de forma cooperativa?
- ¿Qué os costado más para colaborar en pareja? ¿Por qué?

INVESTIGO EN INTERNET

Investigo los sacramentos en Internet

En Internet existen muchas páginas web sobre los sacramentos. Los buscadores de Internet sirven para localizarlas. Para comprobarlo, realiza la siguiente investigación:

WWW **1** Copia el cuadro en tu cuaderno y complétalo siguiendo los pasos.

Tema	N.º de páginas web
sacramentos	
Confirmación	
Orden Sacerdotal	
Matrimonio	
TOTAL DE PÁGINAS WEB	

a) Entra en Internet y selecciona un buscador; por ejemplo, http://www.google.es/

b) Escribe en el buscador los temas del cuadro; por ejemplo, «sacramentos», haz clic en «Buscar» y observa debajo el número de páginas aproximadas que tratan este tema. Escríbelo en el cuadro.

c) Suma el total de páginas web.

Dialogo en grupo

- ¿Pensabas que existían tantas páginas sobre estos temas en Internet? ¿Por qué?
- ¿Para qué te ha servido esta investigación?

Mi inteligencia espiritual

Desarrollo mi espiritualidad con el arte

La espiritualidad se desarrolla contemplando y meditando sobre obras de arte religioso. Por ejemplo, imágenes artísticas de la Virgen María.

1 Desarrolla tu espiritualidad siguiendo estos pasos:

a) Relájate: cierra los ojos, guarda silencio y siéntelo en tu interior.

b) Abre los ojos y observa en silencio la imagen de la Virgen. Mira atentamente su mirada, sus gestos, los detalles de la pintura...

c) Lee y memoriza una palabra de la cita del Evangelio de San Lucas.

d) Cierra los ojos y recuerda la imagen. Imagínate que estás junto a María en esa escena.

e) Recuerda la palabra de María que has elegido y repítela en tu interior: «alma» «Señor, «espíritu», «Dios», «salvador».

f) Medita sobre su significado y piensa por qué la dijo María.

g) Vuelve a abrir los ojos y contempla tranquilamente la imagen.

«María dijo: "Proclama mi alma la grandeza del Señor, se alegra mi espíritu en Dios, mi salvador"» (Evangelio de San Lucas 1, 46-47).

Dialogo en grupo

- ¿Qué te ha llamado más la atención de la pintura?
- ¿Sobre qué palabra has meditado?
- ¿Qué has sentido en tu interior?

Mi inteligencia emocional

Valoro y vivo el sentimiento de empatía

El sentimiento de empatía consiste en ponerse en el lugar del otro y en compartir sus sentimientos; es valorar que las emociones que uno vive también las sienten los demás. La empatía mejora las relaciones humanas.

1 Lee y, después, contesta.

«Como queráis que la gente se porte con vosotros, de igual manera portaos con ella» (Evangelio de San Lucas 6, 31).

«Tened todos el mismo sentir, sed solidarios en el sufrimiento, quereos como hermanos, tened un corazón compasivo y sed humildes» (Primera Carta de Pedro 3, 8).

¿Qué propone Jesús para desarrollar la empatía? ¿Y Pedro?

2 Formad grupos, nombrad un secretario y seguid los pasos.

a) Copiad el cuadro, dialogad y completadlo.

b) Cada secretario o secretaria lee las respuestas de su grupo; los demás compañeros pueden preguntar u opinar sobre lo dicho.

Situación	Una persona empática	
	¿Qué sentiría por Lidia y por Carlos?	¿Qué haría?
El grupo de amigos y amigas de Lidia va a ir al cine, pero se les ha olvidado invitarla.		
A Carlos no le sale un ejercicio y tiene que entregarlo sin falta el próximo día.		

Dialogo en grupo

- ¿Para qué te ha servido esta actividad?
- ¿Qué te ha enseñado?

Aprendo a consultar la Biblia

Las citas de la Biblia

Como ya sabes, la **Biblia es una colección de 73 libros religiosos,** que se agrupan en dos partes: **Antiguo Testamento** (46 libros) y **Nuevo Testamento** (27 libros).

Los libros del Antiguo Testamento

Pentateuco

Libros históricos

Libros poéticos y sapienciales

Libros proféticos

Los libros del Nuevo Testamento

Evangelios

Hechos de los Apóstoles

Cartas

Apocalipsis

1 Copia y completa en tu cuaderno con tres libros de cada parte de la Biblia.

Antiguo Testamento	Nuevo Testamento

2 ¿Cuál es el primer libro del Nuevo Testamento?

3 Escribe a qué parte de la Biblia pertenecen los libros siguientes:

a) Esdras. b) Sabiduría. c) Juan. d) Tito.

4 ¿Cuántas Cartas tiene el Nuevo Testamento?

5 ¿Cuál es el último libro de la Biblia?

Busco citas en la Biblia

Una **cita bíblica** es un texto de un libro de la Biblia; se indica con:

- El **nombre abreviado del libro** al que pertenece.
- El **número del capítulo** (partes en que se divide cada libro).
- El **número o los números de los versículos** (frases de los capítulos).

Un ejemplo de cita es: **Jn 15, 12-15.**

Jn 15, 12-15

Evangelio de San Juan — capítulo 15 — versículos 12 a 15

1 Sigue los pasos y localiza en la Biblia la cita Jn 15, 12-15.

a) Busca en el índice en qué página comienza el Evangelio de San Juan.

b) Busca el capítulo 15 (números grandes).

c) Lee los versículos 12 a 15 (números pequeños).

Capítulo — Versículo — Abreviatura del libro

> Jn
>
> 15 [12] Este es mi Mandamiento: que os améis unos a otros como yo os he amado. [13] Nadie tiene amor más grande que el que da la vida por sus amigos. [14] Vosotros sois mis amigos si hacéis lo que yo os mando. [15] Ya no os llamo siervos…

2 En pareja, observad los dibujos de la página 108 y escribid en vuestros cuadernos de forma abreviada las citas siguientes. Después, búscadlas en una Biblia impresa u online y contestad.

a) Filipenses 2, 5 y 6: ¿qué sentimientos debe tener el cristiano?

b) Evangelio de San Mateo 2, 23: ¿por qué a Jesús se le llama «Nazareno»?

3 Escribe en tu cuaderno cómo se leen las citas siguientes. Después, búscalas en la Biblia.

a) Ecl 1, 29. b) Lc 2, 40. c) Mc 2, 1.

Los mapas de la Biblia

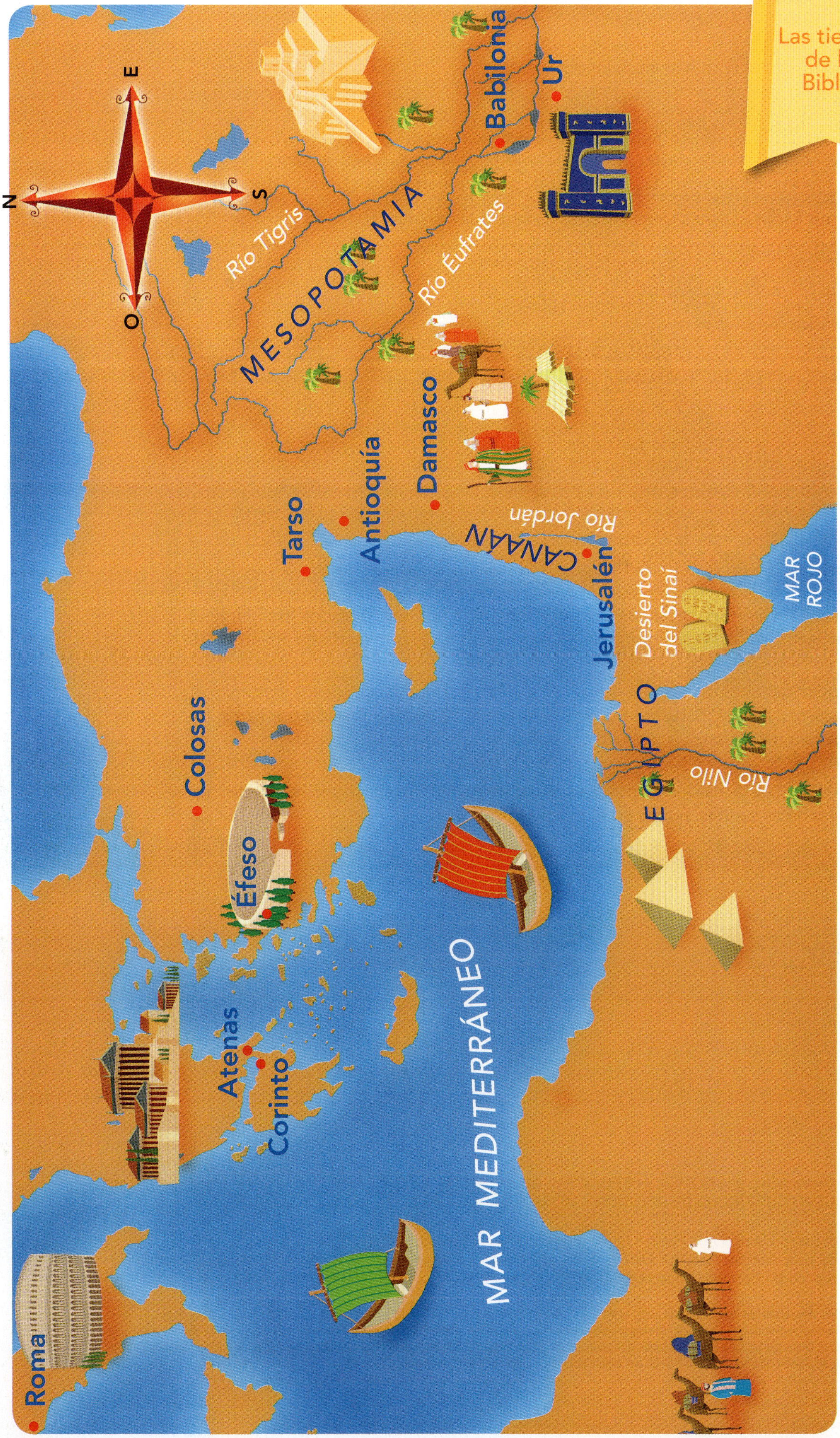
N
E
S
O
MESOPOTAMIA
Río Tigris
Río Éufrates
Babilonia
Ur
Damasco
Antioquía
Tarso
Río Jordán
CANAÁN
Jerusalén
Desierto del Sinaí
MAR ROJO
EGIPTO
Río Nilo
Colosas
Éfeso
Atenas
Corinto
MAR MEDITERRÁNEO
Roma

APRENDER ES CRECER EN CONEXIÓN es un proyecto educativo de Anaya Educación para el sexto curso de Educación Primaria.

En la realización de este libro han intervenido:

- **Edición:** M.ª Ángeles Andrés
- **Diseño:** Dirección de arte: Javier Serrano. Cubierta: Patricia Gómez Serrano. Interiores: Marta Gómez Peso. Desarrollo gráfico de cubierta: Juan Carlos Quignon
- **Ilustraciones:** Lydia Sánchez, Jesús Alonso, David Guirao, Anna Clariana
- **Maquetación:** Maribel Arnau
- **Corrección:** Miguel Ángel Alonso
- **Edición gráfica:** Archivo Anaya
- **Fotografías:** Album, Agencia EFE; Alamy/Latinstock, Archivo Anaya (Candel, C.; Cosano, P.; Leiva, A.; Lucas, J.; Martin, J.), Corbis/Latinstock, Getty Images, Prisma, Thinckstock, 123 rf

Las citas bíblicas de este libro pertenecen a la versión oficial de la *Sagrada Biblia* establecida por la Conferencia Episcopal Española y publicada en 2010.

Las normas ortográficas seguidas en este libro son las establecidas por la Real Academia Española en la *Ortografía de la lengua española,* publicada en el año 2010.

Nuestras publicaciones mantienen el rigor en el uso y en la selección de los contenidos, en las imágenes y en el lenguaje, para cumplir con la **no discriminación** por razón de género, cultura u opinión.

IMPORTANTE. Las actividades propuestas en este libro deben ser realizadas en cuadernos u hojas sueltas; **nunca en el propio libro.**

Este libro ha sido aprobado por la COMISIÓN EPISCOPAL DE ENSEÑANZA Y CATEQUESIS con fecha 14 de julio de 2015, según el NUEVO CURRÍCULO DE RELIGIÓN Y MORAL CATÓLICA (BOE, 24 de febrero de 2015).

ISBN: 978-84-678-8404-3 - Depósito Legal: M-6892-2015 - Printed in Spain.

ET026048/1E2I - 8410050